AUMENTE O PODER DO SEU SUBCONSCIENTE

PARA VENCER O MEDO E A ANSIEDADE

DR. JOSEPH MURPHY
ORG. ARTHUR R. PELL, ph.D.

AUMENTE O PODER DO SEU SUBCONSCIENTE
PARA VENCER O MEDO E A ANSIEDADE

Tradução
Evelyn Kay Massaro

1ª edição

BestSeller
Rio de Janeiro | 2021

CIP-BRASIL. CATALOGAÇÃO NA PUBLICAÇÃO
SINDICATO NACIONAL DOS EDITORES DE LIVROS, RJ

Murphy, Joseph, 1898-1981

M96a   Aumente o poder do seu subconsciente para vencer o medo e a
ansiedade / Joseph Murphy ; tradução Evelyn Kay Massaro ; editado e
atualizado por Arthur R. Pell. – 1. ed. – Rio de Janeiro : Bestseller, 2021

Tradução de: Maximize your potential through the power of your
subconscious mind to overcome fear and worry
ISBN: 978-65-5712-198-6

1. Pensamento novo. 2. Medo. 3. Ansiedade. 4. Técnicas de autoajuda.
5. Inconsciente (Psicologia).I. Massaro, Evelyn Kay. II. Pell, Arthur R. III. Título.

CDD: 154.2
21-72114   CDU: 159.955

Meri Gleice Rodrigues de Souza – Bibliotecária – CRB-7/6439

Texto revisado segundo o novo Acordo Ortográfico da Língua Portuguesa.

Título original:
*Maximize Your Potential Through the Power of Your Subconscious
Mind to Overcome Fear and Worry*

One of a Series of Six New Books by Joseph Murphy, DD, Ph.D.
Edited and Updated for the 21* century by Arthur R. Pell, Ph.D.

Copyright © 2005 The James A. Boyer Revocable Trust.
Exclusive worldwide rights in all languages available only through JMW Group Inc.

Copyright da tradução © 2021 by Editora Best Seller Ltda

Todos os direitos reservados. Proibida a reprodução,
no todo ou em parte, sem autorização prévia por escrito da editora,
sejam quais forem os meios empregados.

Direitos exclusivos de publicação em língua portuguesa para o Brasil
adquiridos pela Editora Best Seller Ltda.
Rua Argentina, 171, parte, São Cristóvão
Rio de Janeiro, RJ — 20921-380
que se reserva a propriedade literária desta tradução

Impresso no Brasil

ISBN 978-65-5712-198-6

Seja um leitor preferencial Record.
Cadastre-se no site www.record.com.br e receba informações
sobre nossos lançamentos e nossas promoções.

Atendimento e venda direta ao leitor
sac@record.com.br

Sumário

Introdução à série..**07**

Prefácio..**23**

Capítulo 1..**27**
Derrotando a preocupação

Capítulo 2..**43**
Expulse a culpa

Capítulo 3..**55**
Como derrotar definitivamente o medo

Capítulo 4..**75**
O poder curativo do amor

Capítulo 5..**83**
O significado mais profundo do Salmo 23

Capítulo 6..**109**
Salmo 91 — O protetor

Capítulo 7..**133**
"Por que aconteceu comigo?"

Capítulo 8..**153**
A chave é a prece

Capítulo 9..**163**
Durma bem

Capítulo 10..**171**
Vivendo na presença

Capítulo 11..**181**
As três chaves para conquistar a paz de espírito

Introdução à série

Acorde e viva! Ninguém nasceu predestinado a ser infeliz, sofrer devido ao medo e à preocupação, viver com dificuldades financeiras, ter problemas de saúde e sentir-se inferior e rejeitado. Deus criou o ser humano segundo Sua própria semelhança e nos presenteou com o poder de vencer a adversidade e alcançar felicidade, harmonia, saúde e prosperidade.

O poder que enriquecerá sua vida reside em seu próprio interior e o método para utilizá-lo na obtenção de benefícios não é nenhum mistério insondável. Afinal, vem sendo ensinado, registrado e praticado há milênios, e pode ser encontrado nos livros dos antigos filósofos e das grandes religiões. Está nas Escrituras judaicas, no Novo Testamento dos cristãos, no Corão maometano, no Bhagavad Gītā dos hindus e nos textos de Confúcio e Lao Zi. Os teólogos e psicólogos contemporâneos já escreveram centenas de livros para nos ensinar a fazer o poder interior trabalhar em nosso benefício.

Essa é a base da filosofia de Joseph Murphy, um dos maiores e mais aclamados escritores e palestrantes do século XX. Ele não foi apenas um clérigo, mas também uma figura de destaque na moderna interpretação das escrituras e de outros escritos religiosos. Como ministro-diretor da Igreja da Ciência Divina, em Los Angeles, suas palestras e sermões eram assistidos por um grande número de pessoas, entre 1.300 e 1.500, a cada domingo. Milhares de ouvintes sintonizavam seu programa diário no rádio. Ele escre-

AUMENTE O PODER DO SEU SUBCONSCIENTE
PARA VENCER O MEDO E A ANSIEDADE

veu mais de trinta livros, dentre os quais, *O poder do subconsciente*, que, publicado pela primeira vez em 1963, tornou-se rapidamente um best-seller, ainda hoje considerado um dos melhores manuais de autoajuda já escritos. Milhões de exemplares foram e continuam sendo vendidos no mundo inteiro.

Devido ao enorme sucesso desse livro, Murphy foi convidado a proferir palestras em vários países e, nessas ocasiões, contava como pessoas comuns haviam conseguido melhorar suas vidas aplicando os princípios ensinados por ele, além de oferecer diretrizes práticas para os interessados em aprender a enriquecer suas existências.

Joseph Murphy foi um dos precursores do movimento *New Thought* (Novo Pensamento), que surgiu no final do século XIX e início do século XX, desenvolvido por muitos filósofos e pensadores que estudaram o fenômeno e ensinaram, praticaram e escreveram sobre um modo novo de encarar a vida. Combinando uma abordagem metafísica, espiritual e pragmática com a maneira como pensamos e vivemos, descobriram o segredo da possibilidade de alcançarmos tudo o que verdadeiramente desejamos. Essa filosofia, que recebeu vários nomes, dentre eles, *New Thought* e *New Civilization* (Nova Civilização), não pretendia ser uma religião no sentido tradicional, mas se fundamentava na crença firme e incondicional da existência de um ser maior, de uma presença eterna, de Deus. Os expositores dessa filosofia pregavam um novo conceito de vida capaz de trazer métodos novos e resultados melhores. Baseavam seu pensamento na ideia de que a alma humana está conectada à mente atômica da substância universal, de que nossa vida tem uma ligação direta com o manancial infinito da abundância, e de que possuímos o poder de usá-lo em nosso benefício. Praticamente todos nós fomos ensinados que precisamos nos esforçar para atingir nossas metas e que o caminho que nos leva até elas é repleto de dores e espinhos. O fato, porém, é que só alcançaremos nossas metas sem sofrimento quando descobrirmos a lei — que aparentemente Deus nos deixou escrita em um código indecifrável — e nos dedicarmos a compreendê-la.

O conceito do Novo Pensamento pode ser resumido nas seguintes palavras:

Você pode se transformar no que deseja ser.

Tudo o que alcançamos ou fracassamos em alcançar é um resultado direto dos nossos pensamentos. Em um universo ordenado de modo tão ajustado, em que a perda do equilíbrio significaria a total destruição, a responsabilidade de cada pessoa tem de ser absoluta. Nossas forças e fraquezas, pureza e impureza são só nossas, de mais ninguém, e, por isso, só podem ser modificadas por nós mesmos. Toda a felicidade e todo o sofrimento têm origem no nosso interior. Somos o que pensamos; se continuarmos a pensar do mesmo jeito, nunca nos modificaremos. Existe um único modo de agir que nos permitirá crescer, conquistar e realizar. Temos de elevar nossos pensamentos. Só continuamos fracos, abjetos e miseráveis quando nos recusamos a modificar nosso modo de pensar.

Todos os feitos, tenham sido realizados no âmbito empresarial, intelectual ou espiritual, são resultado do pensamento dirigido, regidos pela mesma lei e obtidos pelo mesmo método — a única diferença está no objeto que foi alcançado. Acredita-se, porém, que os que conseguem pouco se sacrificam pouco, os que alcançam muito têm de se sacrificar muito, e os que gostariam de conquistar muito mais precisam se sacrificar além da conta.

O Novo Pensamento significa uma nova vida, um modo de viver mais saudável, mais feliz e gratificante em todos os aspectos e expressões possíveis.

Uma "nova vida" está prometida nas milenares e universais leis da mente e no modo como a infinita espiritualidade atuam dentro do coração e da mente de todos os seres humanos.

Na verdade, não existe nada atual no Novo Pensamento, porque ele é tão antigo como a criação do ser humano. Ele passa a ser novo para nós quando descobrimos as verdades da vida que nos libertam da carência, da limitação e da infelicidade. Nesse momento, o Novo Pensamento se torna uma percepção contínua e abrangente do poder criador que existe em nós — dos princípios da mente e de nosso potencial divino para sermos, fazermos e expressarmos nossas capacidades naturais e individuais, nossos talentos e habilidades muito mais amplamente.

O fundamento do princípio da mente é que novos pensamentos, ideias, atitudes e crenças criam novas condições, afinal, "recebemos de acordo com nossas crenças" — sejam elas boas, más ou indiferentes. A essência desse novo modo de pensar é a renovação contínua de nossa mente para sermos testemunhas da perfeita vontade de Deus de nos dar tudo o que é bom e saudável.

Somos a prova da perfeição de Deus quando temos conhecimento e experiência do que é bom. As verdades do Novo Pensamento são simples, fáceis de demonstrar e estão dentro das possibilidades de realização de qualquer pessoa, desde que ela queira e se disponha a colocá-las em prática.

Nada mais é necessário, senão uma mente aberta e um coração receptivo, dispostos a escutar a verdade milenar apresentada de uma maneira nova e diferente, a modificar e a abandonar velhas crenças e a aceitar novas ideias e conceitos. Ou seja, trata-se de

INTRODUÇÃO À SÉRIE

ter uma visão mais elevada da vida e a certeza de que existe uma presença curadora no interior de todos os seres humanos.

A renovação da mente é o único propósito e prática do Novo Pensamento. Sem essa renovação contínua, não pode haver mudança. Conquistar um modo novo de pensar significa ganhar uma atitude e uma consciência totalmente novas, capazes de nos inspirar e nos possibilitar entrar em uma "vida mais abundante".

Em nosso interior, temos um poder ilimitado para escolher e decidir, assim como a completa liberdade de utilizá-lo em nosso benefício. Podemos nos conformar ou transformar. Conformarmo-nos é viver de acordo com o que já assumimos ou recebemos de uma forma visível para os nossos sentidos, ideias, opiniões e crenças, e com as ordens advindas de outras pessoas. Conformar-se é viver e ser regido "pelos instáveis e passageiros modismos e condições do momento presente". A simples palavra "conformação" sugere que nosso atual ambiente tem uma forma cuja existência não devemos nem podemos negar. Estamos todos cercados de injustiças, impropriedades e desigualdades, e não é incomum nos envolvermos com elas, até porque acreditamos que devemos enfrentá-las com coragem e honestidade, e fazemos o melhor possível para resolvê-las com a integridade e a inteligência que possuímos no momento.

O mundo acredita e propaga que o ambiente é a causa da nossa condição e circunstâncias atuais, e que a reação e as tendências mais "normais" seria entrarmos em um estado de obediência e aceitação silenciosa do presente. Essa é a conformação no seu pior aspecto — a consciência do fracasso. Pior ainda, a conformação é uma atitude autoimposta e significa entregar todo o nosso poder e atenção ao exterior, ao estado manifestado. Essa entrega incontestada ao passado e ao ambiente que nos cerca, quer tenha sido feita automaticamente, quer por opção, foi causada pela falta de conhecimento da nossa faculdade mais básica e maravilhosa e de seu funcionamento. O poder criativo da mente e da imaginação pode ser dirigido para novas metas e aspirações. O Novo Pensamento insiste no reconhecimento de que somos os responsáveis pelo tipo de vida que levamos e de que somos capazes de reagir às supostas verdades que dirigem nossa existência atual.

Um dos mais ativos e respeitados instrutores do Novo Pensamento, o estadunidense Charles Fillmore, cofundador da Igreja da Unidade, acreditava firmemente na responsabilidade pessoal. Em seu livro, *The Revealing Word*, ele escreveu de maneira simples e direta que "nosso verdadeiro ambiente é nossa consciência. O ambiente externo sempre tem relação com a consciência".

Qualquer pessoa que esteja aberta e disposta a aceitar que é a responsável pelo ambiente em que vive já começou a dar início à transformação. Transformar é "passar de um estado ou condição para outro (muito melhor e mais satisfatório), da carência para a abundância, da solidão para o companheirismo, da limitação à inteireza, da doença para uma saúde vibrante" — tudo isso por meio do poder e da sabedoria que habitam nosso interior e devido à presença curadora que existe em nós.

Assim como não podemos modificar o movimento dos planetas, as estações do ano, as marés e as fases da lua, também é impossível mudar a mente e os pensamentos de outra pessoa. É inegável, no entanto, que temos a capacidade de mudar a nós mesmos. Quem seria capaz de impedir ou proibir a atuação de sua mente, imaginação e vontade? A resposta é evidente: nada, nem ninguém. Infelizmente, contudo, nada o impede de entregar esse poder a outra pessoa.

INTRODUÇÃO À SÉRIE

"Aprenda qual é a chave para uma nova vida: sua mente é um gravador, e todas as crenças, impressões, opiniões e ideias que aceitou ao longo dos anos estão registradas na sua mente mais profunda, o subconsciente. Mas você pode mudar a sua mente. Comece agora a preenchê-la com pensamentos nobres, inspirados por Deus, e alinhe-se com o espírito infinito que existe em seu interior". Pense em beleza, amor, paz, sabedoria e situações criativas, e o Infinito reagirá em conformidade, transformando sua mente, corpo e circunstâncias. Seu pensamento é a ponte que faz a ligação entre seu espírito, seu corpo e o mundo material.

A transformação começa na medida em que passamos a meditar, a refletir e a absorver, em nossa mentalidade, as qualidades que desejamos vivenciar e expressar. É nítido que o conhecimento teórico é bom e necessário, mas devemos saber o que estamos fazendo e por que o fazemos. Todavia, a verdadeira transformação depende da estimulação dos dons que existem em nosso interior, do poder espiritual, invisível e intangível, que foi ofertado em sua totalidade a cada indivíduo que vive neste mundo. É esse poder, e somente ele, que rompe e dissolve as gravações e vínculos criados pela infelicidade e pelos aborrecimentos do passado. Além disso, ele cura as feridas das mágoas e o sofrimento emocional.

Nesse sentido, todos desejamos e necessitamos de paz de espírito — a maior das dádivas — em nosso ambiente. Ela pode ser obtida pela contemplação, tanto mental quanto emocional, da paz divina enchendo nossa mente e coração, e, portanto, todo o nosso ser. "Onde entrardes, dizei primeiro: 'A paz esteja nesta casa'."

Contemplar falta de paz, desarmonia, infelicidade e discórdia e acreditar que a paz se manifestará nesse meio é o mesmo que achar que a semente de maçã dará origem a uma palmeira. É algo que não faz sentido porque viola todo o sentido de razão. Contudo, isso é o que se encontra no mundo.

AUMENTE O PODER DO SEU SUBCONSCIENTE
PARA VENCER O MEDO E A ANSIEDADE

Para alcançarmos o que é bom, devemos procurar meios de modificar nossa mente e, quando necessário, de nos arrepender. O resultado será a renovação e a transformação vindas como algo natural. É desejável e necessário transformarmos nossa vida, pondo fim à nossa conformação com escolher ou decidir de acordo com os eventos já formados e manifestados. Precisamos aprender a detectar a causa que existe por trás de cada evento físico — uma doutrina elaborada por pessoas, dogmas ou rituais — para entrarmos no reino do metafísico que existe em nosso interior, o verdadeiro Novo Pensamento.

A palavra "metafísica" atualmente está vinculada a vários movimentos organizados, como, por exemplo, o Nova Era. Entretanto, ela existe há muitos séculos e surgiu, pela primeira vez, nos escritos de Aristóteles. O 13º volume de suas obras, considerado o mais importante de todos, tinha *Metafísica* como título. Em um dicionário, a seguinte definição pode ser encontrada: "Além da ciência natural; a ciência do puro ser". *Meta*, do grego antigo, significa "acima, além", e "metafísica", portanto, significa "acima ou além da física" ou "acima ou além do que é físico", ou seja, do mundo da forma. *Meta* é algo que está acima do material, é o espírito da mente. Além de todas as coisas, está *meta*: a mente.

Em termos bíblicos, o espírito de Deus é bom; "Os que adoram Deus adoram o espírito ou a verdade". Quando possuímos um espírito de bondade, verdade, beleza, amor e boa vontade, é Deus que está em nós, manifestando-se por nosso intermédio. Deus, verdade, vida, energia e espírito... Podemos defini-los? E como defini-los? "Defini-lo é limitá-lo."

Em paralelo, há uma numa antiga e bela meditação: "Sou sempre o mesmo no meu eu mais interno: único, eterno, absoluto, inteiro, completo, perfeito. Sou um EU SOU indivisível, eterno,

INTRODUÇÃO À SÉRIE

sem rosto nem figura, sem forma nem idade. EU SOU a presença silenciosa, que habita os corações de todos os seres humanos." Temos de acreditar e aceitar que tudo o que imaginamos e sentimos como verdadeiro se torna realidade, e aquilo que desejamos aos outros estamos desejando a nós mesmos.

Emerson escreveu: "Somos o que pensamos durante o dia inteiro." Em outras palavras, e explicando melhor: espírito, pensamento, mente e *meta* são expressões da presença e do poder criativos, e, tal como ocorre na natureza (leis físicas), qualquer elemento pode ser usado tanto para o bem quanto para o mal. Por exemplo, não podemos viver sem água, mas muitos se afogam nela. A eletricidade torna nossa vida mais confortável, mas também mata. Diz a Bíblia: "Eu crio a luz e as trevas; faço a paz e a guerra; Eu, o Senhor, faço todas essas coisas. Eu firo e Eu curo; Eu abençoo; Eu amaldiçoo."

Entretanto, não existe nenhuma deidade colérica decidida a nos punir ao longo de toda uma vida; somos nós que nos castigamos mediante o mau uso da mente. Seguindo o mesmo princípio, somos abençoados (beneficiados) quando tomamos conhecimento dessa presença interna, desse poder fundamental que o Criador colocou à nossa disposição.

A metafísica é, em suma, o estudo da causação (ato de causar) e não se preocupa com o efeito ou resultado que está manifestado, mas com o que está *causando* o efeito ou resultado. Ela aborda as ideias espirituais como os cientistas abordam o mundo da forma. Os metafísicos investigam a mente ou a causa a partir da qual o visível é formado ou deriva. Se a mente é modificada ou uma causa é alterada, o efeito sofre uma mudança.

A força e a beleza da metafísica é que ela não está confinada a qualquer credo particular, mas é universal. Uma pessoa pode professar a religião judaica, cristã, muçulmana ou budista e ser, ao mesmo tempo, metafísica.

Muitos poetas, cientistas e filósofos afirmam ser ateus ou agnósticos, mas são profundamente humanistas, o que significa que têm uma crença metafísica. Jesus era um mestre da metafísica — compreendia a mente e a utilizava para elevar, inspirar e curar os outros.

Quando perguntaram ao Mahatma ("grande alma") Gandhi qual era a sua religião, ele respondeu: "Sou cristão... judeu... budista... hindu... Eu sou todas essas coisas."

A expressão "Novo Pensamento" tornou-se popular e generalizada. Ela é usada em muitas igrejas, centros, grupos de oração e diferentes instituições, e hoje pode denominar um movimento metafísico que nos revela a existência da unicidade ou unidade dos seres humanos com a vida infinita e que cada indivíduo possui dignidade e valor inatos. Nesse movimento, a ênfase é colocada sobre o indivíduo e não sobre uma função ou entidade. Não há nenhuma novidade no Novo Pensamento, porque a metafísica é a mais antiga das abordagens religiosas. "EU SOU e vim para trazer vida, e vida em abundância." A metafísica revela nossa identidade de "Filhos do Infinito" e afirma que somos amados e temos valor espiritual pelo simples fato de sermos partes necessárias do Todo Criador, que é uno.

A metafísica nos permite voltar à nossa Divina Fonte e nos ajuda nessa empreitada, pondo fim à sensação de separação e alienação, de vivermos vagando em um deserto estéril e hostil.

A metafísica sempre esteve à disposição dos seres humanos e espera pacientemente pelo momento em que cada um irá descobri-la e utilizá-la.

Milhares de pessoas foram apresentadas à metafísica por diferentes instrutores. Ela evoluiu pouco a pouco e, de maneira geral,

INTRODUÇÃO À SÉRIE

considera-se que, em sua forma atual, foi introduzida por Phineas P. Quimby, que relatou suas experiências com a mente humana em um artigo fascinante da revista *New Thought Magazine*, em 1837. Depois de experimentar o mesmerismo por vários anos, Quimby concluiu que era o condicionamento da mente subconsciente, e não o hipnotismo, o responsável pelas mudanças observadas. Apesar de Quimby não ter tido grande educação formal, era um autor prolífico e publicava diários minuciosos sobre seu trabalho. Com o passar do tempo, tornou-se um ávido leitor da Bíblia e conseguiu reproduzir dois terços das curas descritas no Antigo e no Novo Testamentos. Descobriu também que havia grande confusão sobre o verdadeiro significado de muitas passagens bíblicas, confusão essa que era a responsável pela má compreensão e má interpretação dos feitos de Jesus Cristo.

Ao longo do século XX, muitos autores, instrutores, ministros de igrejas e palestrantes contribuíram para a divulgação do movimento Novo Pensamento. Charles E. Braden, da Universidade de Chicago, chamou-os de "espíritos rebeldes", porque entendeu que esses homens e mulheres estavam fomentando uma rebelião contra as religiões estabelecidas, contra o dogmatismo, os rituais, os credos e as inconsistências que só serviam para causar medo nos fiéis. O próprio Dr. Braden acabou expressando sua insatisfação com a situação existente, decidindo-se não se conformar mais com ela.

O Novo Pensamento é a prática individual das verdades da vida dentro de um processo gradual e abrangente. Podemos aprender muito pouco, a princípio, e muito mais no futuro próximo. Entretanto, jamais atingiremos um ponto em que não existirá nada mais para ser descoberto, porque o processo é infinito, ilimitado e eterno. O tempo não é impedimento, porque temos toda a eternidade para aprender. Muitos se impacientam consigo

AUMENTE O PODER DO SEU SUBCONSCIENTE
PARA VENCER O MEDO E A ANSIEDADE

mesmos e com seus aparentes fracassos. Entretanto, ao olharmos para trás, descobrimos que houve períodos de real aprendizado e nos propomos a não repetir os mesmos erros. Se o processo está lhe parecendo lento demais, lembre-se: "Na paciência, toma posse de tua alma."

No livro *Orar é a solução*, Murphy salienta que o Céu pode ser considerado a "consciência ou percepção", e a Terra, a manifestação. Seu novo céu é seu novo modo de encarar as situações, a nova dimensão da sua consciência que o faz ver que, no Absoluto, tudo é bênção, harmonia, amor infinito, sabedoria, paz eterna e perfeição. O processo de identificação com essas verdades vence o medo e, ao aumentar nossa fé e confiança, torna-nos mais fortes e seguros.

Os livros que constituem essa série apresentam combinações de palestras, sermões e transmissões radiofônicas em que Murphy ensinava as técnicas para elevar seu potencial ao máximo por meio do poder do subconsciente.

Como Murphy era um ministro protestante, muitos dos seus exemplos e citações são extraídos da Bíblia, mas os conceitos que ilustram não devem ser considerados sectários, porque as mensagens que transmitem são universais e encontram-se nos ensinamentos da maior parte das religiões e filosofias. Muitas vezes, Murphy repetiu que a essência do conhecimento é a lei da vida, a lei da crença. Não a crença católica, protestante, muçulmana ou hindu, mas a certeza no mandamento mais simples e puro: "Faça aos outros o que quiser que eles lhe façam."

Jean Murphy continuou o ministério do marido depois de sua morte em 1981. Em uma palestra proferida em 1986, ela reiterou sua filosofia:

INTRODUÇÃO À SÉRIE

"Quero ensinar homens e mulheres sobre a Origem Divina de todos nós e sobre os poderes que reinam em nosso interior. Quero que saibam que esses poderes são internos e seus próprios salvadores, porque, ao usá-los, conseguirão alcançar sua própria salvação. Essa é a mensagem que a Bíblia nos transmite, mas poucos têm consciência dessa verdade. Vivemos mergulhados em uma confusão gerada por interpretações literais e erradas das verdades transformadoras que a Bíblia nos oferece.

Quero atingir a maioria que sofre a repressão dos seus talentos e habilidades. Quero ajudar os outros, seja qual for seu nível de consciência, a descobrir as maravilhas que guardam em seu interior."

Falando sobre o marido, Jean Murphy também disse que "ele era um místico prático, um homem abençoado pelo intelecto de um erudito, a mente de um executivo bem-sucedido, o coração de um poeta". Sua mensagem pode ser assim resumida: "Você é o rei, o governante do seu mundo, porque é uno com Deus."

Joseph Murphy acreditava firmemente que o plano de Deus era que todos os seres humanos fossem saudáveis, prósperos e felizes, e contestava os teólogos e pensadores que afirmavam que o desejo é uma coisa má e que é nosso dever tentar sufocá-lo. Ele ensinava que a extinção do desejo significa apatia, falta de sentimentos, de ação. Afirmava que o desejo é um dom de Deus; que é certo desejar e que nada é mais saudável e proveitoso que o desejo de se tornar melhor do que se era ontem. Como é possível o desejo de saúde, abundância, companheirismo e segurança ser considerado errado?

O desejo está por trás de todo progresso. Sem ele, nada seria realizado, porque o desejo é o poder criador, que pode ser canalizado de maneira construtiva. Uma pessoa em vulnerabilidade, por exemplo, tem todo o direito de desejar fortuna. Alguém com uma doença, de desejar saúde; uma pessoa sentindo solidão, de desejar companhia ou amor.

Temos de acreditar que podemos melhorar nossa vida. Uma crença qualquer, verdadeira, falsa ou apenas indiferente, acalentada por um bom período de tempo, é assimilada e incorporada em nossa mentalidade. Se não for contrabalançada com uma crença de natureza oposta, mais cedo ou mais tarde será expressa ou vivenciada como fato, forma, condição ou eventos cotidianos. Precisamos ter certeza de que possuímos o poder para transformar crenças negativas em positivas em nosso interior e, portanto, a capacidade de mudar nossa vida para melhor. Basta você dar a ordem, e seu subconsciente o obedecerá fielmente. A reação ou resposta da mente subconsciente virá de acordo com a natureza do pensamento que está em sua mente racional.

Os psicólogos ou psiquiatras afirmam que, quando os pensamentos são transmitidos para o subconsciente, formam-se impressões nos neurônios cerebrais. No instante em que o subconsciente aceita uma ideia qualquer, começa a colocá-la em prática por meio de associações, usando cada partícula de conhecimento que você reuniu em sua vida para dar forma a ela. Ele se alimenta do poder infinito, da energia e da sabedoria que existe em seu interior e recorre a todas as leis da natureza para conseguir seu objetivo. Às vezes, o subconsciente parece trazer uma solução imediata para suas dificuldades, mas, em outras, a resposta pode demorar dias, semanas ou mais.

O modo de pensar habitual da sua mente racional estabelece sulcos profundos no subconsciente, algo muito favorável no caso dos seus pensamentos serem harmoniosos, pacíficos e construtivos. Por outro lado, se você se entrega habitualmente ao medo, à preocupação ou a outras formas destrutivas de pensamento, a solução é reconhecer a onipotência da mente subconsciente e decretar liberdade, felicidade, saúde perfeita e prosperidade. O subcons-

INTRODUÇÃO À SÉRIE

ciente, por estar diretamente ligado à sua fonte divina, começará a criar a liberdade e a felicidade que você decidiu trazer à sua vida.

Agora, pela primeira vez, as palestras do Dr. Murphy foram compiladas, editadas e atualizadas em seis novos livros, que trazem seus ensinamentos para o século XXI. Para ampliar e explicar melhor os temas das palestras originais, também incorporamos material extraído das palestras da Dra. Jean Murphy e acrescentamos exemplos de pessoas cujo sucesso reflete a filosofia do Dr. Murphy.

Confira a seguir os livros que compõem a série:

- *Aumente o poder do seu subconsciente para trazer riqueza e sucesso;*
- *Aumente o poder do seu subconsciente para desenvolver autoconfiança e autoestima;*
- *Aumente o poder do seu subconsciente para vencer o medo e a ansiedade;*
- *Aumente o poder do seu subconsciente para ter saúde e vitalidade;*
- *Aumente o poder do seu subconsciente para alcançar uma vida mais plena e produtiva;*
- *Aumente o poder do seu subconsciente para conquistar uma vida mais espiritualizada.*

A simples leitura desses livros *não* vai melhorar sua vida. Para extrair o máximo do seu potencial, você terá de estudar atentamente esses princípios, aceitá-los no fundo do seu coração, reuni-los à sua mentalidade e aplicá-los como parte integrante da sua maneira de encarar todos os aspectos de sua vida.

Arthur R. Pell, ph.D.
Organizador
Fevereiro de 2005

Prefácio

Todos nós vivenciamos ocasiões nas quais o medo e a ansiedade dominam nossa existência cotidiana e que podem ser resultantes de fatores relacionados com o planeta em que vivemos, como guerra, seca, fome, desastres naturais, inquietação política etc., ou fatores pessoais, como, por exemplo, doença grave, desemprego, dívidas, discórdia familiar ou violência urbana.

Muitas vezes, esses problemas assustam e tiram toda a alegria e a felicidade de nossa vida. Nem sempre podemos impedir que alguns desastres aconteçam, ou encontrar soluções imediatas para outros, mas todos nós possuímos, em nosso interior, a capacidade de lidar com eles de maneira a não destruirmos nossa existência.

Neste livro, Joseph Murphy nos ensina como podemos, por meio da prece e da meditação, desenvolver nosso poder latente de resolver problemas e derrotar a depressão que costuma acompanhá-los. Naturalmente, a solução prática para cada caso ainda deve ser procurada, mas a aplicação das sugestões de Murphy geralmente acelera o processo e nos permite lidar com os problemas de modo mais eficaz.

Ele não afirma que dependemos apenas de Deus para curar nossos males, encontrar um emprego ou resolver questões judiciais. Uma doença física continuará exigindo tratamento médico; se os problemas envolverem o sistema judiciário, teremos de procurar um advogado; se perdermos o emprego, deveremos tomar as atitudes necessárias para encontrar um novo meio de vida. Entretanto,

AUMENTE O PODER DO SEU SUBCONSCIENTE
PARA VENCER O MEDO E A ANSIEDADE

se nos apoiarmos em Deus, manteremos um bom estado de espírito e saberemos aproveitar as intuições e as oportunidades que se apresentarão nos momentos mais difíceis. Este livro traz muitos exemplos e relatos de casos mostrando como Deus atua de maneiras misteriosas e, frequentemente, traz elucidações para os problemas das pessoas que Nele creem.

Em toda a sua obra, Murphy ensina preces e meditações que têm se revelado muito eficazes na solução de questões materiais e espirituais. Neste livro, especialmente, ele se concentra nos salmos da Bíblia para nos oferecer uma extraordinária fonte de inspiração e auxílio para vencermos o medo e a ansiedade.

Há milhares de anos, o livro de Salmos se mantém como uma importante parte da adoração judaico-cristã e, às vezes, é chamado de "a pequena Bíblia". Ele retrata nossos mais variados estados de espírito, desde as profundezas do desespero até o auge da exaltação, e é uma verdadeira arca do tesouro de riquezas espirituais e práticas, além de uma grandiosa fonte de inspiração para homens e mulheres em todas as fases da vida. Em nenhum livro sagrado das muitas religiões que existem no mundo encontramos tanta variedade de experiências. E, além dos ensinamentos diretos advindos da leitura, podemos extrair o significado exotérico dos salmos, que nos revelam a existência do Infinito Poder Criador que vive dentro de nós.

Há salmos de alegria, paz de espírito, felicidade; espanto respeitoso diante das maravilhas e da glória da criação, do reconhecimento do lugar do ser humano no universo. Mas também existem salmos que são gritos vindos de uma alma sofredora e que falam de tempos de doença, injúria, pesar, luto, humilhação, arrependimento. Outros falam de perigos globais e pessoais, de traição de inimigos e falsos amigos.

PREFÁCIO

A variedade de estados de espírito e atitudes com que nos aproximamos de Deus, da vida, abrange toda a experiência humana e vai desde autopiedade, solidão, queixumes, desespero, tristeza, humildade, saudade e vingança até gratidão, fé e êxtase espiritual. Não existe mais alegria e encantamento do que a sensação de que somos unos com Deus, com a vida e o universo, e ela se reflete em nosso mundo cotidiano.

Por tudo isso, costuma-se dizer que uma pessoa sempre se encontra no livro de Salmos, seja qual for o momento, em quaisquer circunstâncias, em todos os estados de espírito. Sua leitura nos proporciona a sensação de que somos, de fato, filhos de Deus, da Eterna Presença, do Deus Vivo.

Os salmos nos permitem conversar com nosso verdadeiro eu e nos ajudam a nos relacionar com ele. Somos nós falando e nós mesmos ouvindo; Deus falando por nosso intermédio e dentro de nós.

Os 150 salmos fazem parte do Antigo Testamento, que foi escrito em hebraico primitivo e traduzido para praticamente todos os idiomas do mundo. E, como seria de esperar, existem muitas variações acerca do significado de certas palavras ou frases. Há várias traduções da Bíblia e, neste livro, Murphy toma como base uma das mais conceituadas e conhecidas nos Estados Unidos, chamada *King James Version*. Ele salienta que as palavras da Bíblia são simbólicas e não devem ser tomadas ao pé da letra. Os diferentes simbolismos são explicados ao longo texto.

Os salmos não são a única fonte de meditações, e Murphy oferece várias preces criadas por ele para ajudar os leitores nos seus esforços para vencer o medo e a preocupação e devolver a paz de espírito à sua vida.

CAPÍTULO 1
Derrotando a preocupação

A preocupação prolongada é uma ladra que lhe rouba a vitalidade, o entusiasmo e a energia, além de prejudicá-lo de tal forma que você acaba física e mentalmente cansado. A medicina moderna reconhece que a preocupação crônica é a causa oculta de numerosas doenças, como asma, alergias, problemas cardíacos, hipertensão arterial e outros males diversos.

A mente preocupada é confusa, dividida e pensa em uma infinidade de coisas que não são verdadeiras. Em minha opinião, ela é resultante da indolência, da preguiça, da apatia e da indiferença, porque, quando a pessoa está alerta, não é compelida a ter esse tipo de pensamento e tem plena liberdade para pensar em harmonia, paz, beleza, atitude correta, amor e compreensão. Todos somos capazes de substituir uma ideia negativa por um pensamento construtivo.

O problema está em sua mente. Você tem um desejo que, se realizado, resolveria o distúrbio que o aflige. Porém, quando compreende as condições e circunstâncias que o cercam, um pensamento negativo surge em sua mente, e o seu desejo entra em conflito com o medo. A preocupação é a mente aceitando condições negativas. Conscientize-se de que seus desejos são presentes de Deus, que é o espírito vivo que habita o seu interior, dizendo-lhe que você tem de subir a patamares mais elevados em sua vida e que não existe nenhum poder capaz de contrariar o Deus Todo-Poderoso. Existe um único poder, não dois, nem três — apenas o poder que se movimenta como unidade, harmonia e paz.

Quando pensamentos capazes de resultar em preocupações surgirem em sua mente, lembre-se de que a Infinita Inteligência está sempre querendo que seu desejo, plano, ideal ou propósito se materialize dentro da divina ordem. Diga, então: "Existe um único poder e com ele não há divisões ou conflitos. O Todo-Poderoso me dá seu apoio, revelando-me o caminho perfeito que me levará à realização dos meus desejos. Essa convicção me traz tranquilidade." Com essa pequena prece, você estará expulsando todos os pensamentos negativos. Se perseverar nessa atitude de espírito, um novo dia brilhará, e as trevas serão afastadas.

No final de uma de minhas palestras, um dos ouvintes veio me pedir um conselho. Ele estava tendo muitos problemas de saúde. Entretanto, depois de um minucioso exame físico, o médico lhe garantira que não havia nada de errado no seu organismo, mas que ele estava sofrendo de ansiedade e neurose. Neurose e ansiedade são palavras que soam complexas, mas que muitas vezes são entendidos como sinônimos para a uma preocupação crônica. Quando lhe falei sobre isso, o rapaz concordou comigo, dizendo que, de fato, vivia preocupado com dinheiro, com seus negócios e com o futuro. Sua visão de sucesso e prosperidade era frustrada pela preocupação crônica. Reconheceu também que esses pensamentos aflitivos estavam sugando sua energia e entendeu que era por esse motivo que experimentava uma constante sensação de cansaço e desânimo.

Escrevi uma série de afirmações positivas para o seu caso e o instruí a fazer de três a quatro pequenas sessões de meditação por dia, declarando solenemente que o Todo-Poderoso lhe estava

DERROTANDO A PREOCUPAÇÃO

dando inspiração e esperança, e que tudo o que precisaria fazer era sintonizar com o Infinito, deixando a harmonia, a paz e o amor de Deus fluírem por meio dele.

Deus, a Suprema Sabedoria, deu-me esse desejo. O Poder Infinito está dentro de mim, dando-me a possibilidade de ser, fazer e ter tudo o que quero. A sabedoria e o poder do Altíssimo me apoiam em meus empreendimentos e me permitem realizar todas as minhas metas. Penso sistemática e regularmente na sabedoria e no poder de Deus e não mais me detenho em ideias de obstáculos, atrasos, impedimentos e fracassos. Sei que, pensando constantemente dessa maneira, estou fortalecendo minha fé e confiança e aumentando minha força e meu equilíbrio, pois o Criador me concedeu uma mente sadia e nela devo abrigar somente pensamentos de bondade, amor e progresso.

Algum tempo depois, esse rapaz me escreveu contando que continuava fazendo as meditações com regularidade e que estava muito melhor de saúde, sentindo-se revigorado e alegre. O que aconteceu foi que as verdades entraram na sua mente racional e ela atuou sobre o cérebro, que passou a enviar vibrações de cura para todas as partes do organismo. As verdades também entraram no seu subconsciente e agiram como uma penicilina espiritual, destruindo as bactérias da preocupação, do medo, da ansiedade e dos pensamentos negativos. Em pouco tempo, ele atingiu a consciência da força, do poder e da inteligência, que foram divinamente implantados nele por ocasião do seu nascimento, e estava vencendo a preocupação com o remédio espiritual da Suprema Sabedoria e da Infinita Inteligência que habitavam as profundezas do seu subconsciente.

Há alguns anos, também recebi a visita de uma mãe muito preocupada, que se dizia aflita porque sua filha era membro de uma ONG internacional e fora para uma região remota e perigosa no continente africano. Eu lhe dei uma prece específica para fazer pela manhã e à noite. Um ano se passou e a moça voltou sã e salva, e, pouco tempo depois, casou-se com seu namorado de infância.

Cerca de um ano após, essa mesma senhora veio conversar comigo e mostrou-se tão preocupada como antes. Não conseguia deixar de pensar que a filha talvez estivesse em um casamento desastroso, pois o casal enfrentava dificuldades financeiras. Em seguida, contou-me que quase morrera de aflição durante a gravidez da filha, primeiro temendo um aborto espontâneo e, depois, imaginando que o bebê pudesse nascer com alguma doença. O neto nascera perfeito, mas agora ela se preocupava com as despesas que haviam aumentado e com a possibilidade de os pais não criarem o filho da maneira como considerava adequada.

Constatei que seu verdadeiro problema era uma profunda sensação de insegurança e que ela não *estava* preocupada, mas que *era* uma pessoa preocupada e emocionalmente imatura. A imaturidade emocional gerava uma imaturidade espiritual que a impedia de sintonizar com o Infinito. Se fosse capaz disso, teria se acalmado, abençoado o genro, a filha e o neto, com a certeza de que Deus os encaminharia para a escolha correta, dando-lhes a paz e os fazendo prosperar além dos seus mais altos sonhos. Mas, como vivia em uma infância espiritual, seus pensamentos não eram similares aos pensamentos de Deus.

Quando nossos pensamentos são os pensamentos de Deus, o poder divino os ativa e faz com que se concretizem. Devemos limpar nossa mente como limpamos nossa própria casa. Uma casa que não recebe cuidados fica cheia de poeira e insetos dos mais variados tipos, com a tinta das paredes descascada e o encanamento enferrujado e entupido. Conscientize-se de que a sua mente é a sua casa e que você deve limpá-la constantemente para abrir espaço para as verdades de Deus, que varrem para fora todas as ideias e pensamentos negativos, tudo o que é diferente da mente divina.

Expliquei a essa senhora que era ela mesma quem criava suas preocupações e que a primeira atitude que deveria ter seria substituir sua sensação de insegurança por uma certeza de segurança. Escrevi uma prece especial para o seu caso, baseada no Salmo 91, o grande salmo de proteção. Se você também é uma pessoa preocupada, use-a em seu benefício:

Aquele que habita o esconderijo do Altíssimo, à sombra do Onipotente descansará. Os pensamentos que abrigo em minha mente estão em conformidade com a harmonia, a paz e a benevolência. Eu me disciplino a ter essa atitude. Minha mente é a morada da felicidade, da alegria e de uma profunda sensação de segurança. Os pensamentos que entram em minha mente contribuem para me trazer paz, alegria e bem-estar generalizado. Vivo, ando e me mantenho em um clima de fraternidade, amor e unidade com todos os que me cercam. Os pensamentos, ideias, imagens, emoções, sentimentos, sensações e tudo o mais que acalento em minha mente são filhos de Deus e não podem ser diferentes das ideias de Deus. Em minha mente, estou em paz com todos os membros da minha família e com toda a humanidade. O mesmo bem que desejo para mim invoco para minha filha, meu genro e meu neto. Agora, estou vivendo à sombra do Altíssimo e, por isso, clamo por paz e tranquilidade, porque sei que Ele me dará tudo o que lhe pedir como filha amada que sou.

AUMENTE O PODER DO SEU SUBCONSCIENTE
PARA VENCER O MEDO E A ANSIEDADE

Essa senhora foi persistente nas suas meditações e repetiu essas verdades várias vezes ao dia. Elas criaram vibrações espirituais milagrosas que neutralizaram e eliminaram o centro da preocupação que havia em seu subconsciente, que é como uma ferida psíquica, infectada e purulenta. Ela descobriu que havia reservas espirituais nela, as quais poderia reunir para aniquilar seus pensamentos negativos. Saturando sua mente dessas maravilhosas verdades espirituais, absorveu uma profunda fé em tudo o que é bom. Atualmente, ela vive na alegre e constante expectativa do melhor.

Posso lhe dar várias preces para ajudá-lo a vencer a preocupação. Você deve ter em mente que Deus é o Princípio Vital que anima todos nós, que nos possibilita o conhecimento de que estamos vivos. Deus é o Progenitor, o nosso Criador, e muitas religiões no mundo dirigem-se ao ser mais elevado chamando-o de "nosso Pai".

A cada manhã, antes de sair para o trabalho, dirija-se a um lugar tranquilo e identifique-se mental e emocionalmente com essas verdades.

Deus vive, se movimenta e existe em mim. Eu sou o templo do Deus Vivo e Deus habita o meu ser. Estou imerso na divina presença que me cerca, envolve e impregna. Minha mente é a mente de Deus, e meu espírito é o espírito de Deus. Esse Ser Infinito que está em mim é a única presença e o único poder, e não pode ser distorcido, contrariado ou vencido. Não existe nada capaz de ser opor a Ele, de desafiá-Lo ou neutralizá-Lo. Ele é o Onipotente e se movimenta como uma unidade. Nele, não há divisões ou disputas. Ele tudo sabe e tudo vê, e está presente em todos os lugares. Quando me uno mentalmente com esse Infinito Poder por meio dos meus pensamentos, tenho plena consciência

DERROTANDO A PREOCUPAÇÃO

de que sou maior do que qualquer problema que possa me afligir. Enfrento corajosamente todas as dificuldades e atribulações com a certeza de que tenho meios de superá-las, porque a Divina Inteligência automaticamente me dá a força, o poder e as ideias criativas apropriadas para vencê-las. Sei que o Infinito jaz em mim, deitado, em sorridente repouso, e que, nesse lugar, só há bem-aventurança, harmonia e paz. Posso procurá-Lo a qualquer momento porque Ele está sempre pronto a vir em meu auxílio para me guiar e orientar. Agora, estou em sintonia com o Infinito e sei que Sua sabedoria, Seu poder e Sua inteligência se tornam ativos e potentes em minha vida, porque essa é a principal lei que rege minha existência. Sei que não posso pensar em duas coisas diferentes ao mesmo tempo e, por isso, escolho não refletir sobre os infortúnios e fracassos, mas só me concentrar no que é bom, no sucesso dos meus empreendimentos e na paz divina que enche minha alma.

Como você acaba com a escuridão em sua casa? Pega uma vassoura para varrê-la ou acende uma vela ou uma lâmpada para expulsá-la? A escuridão é apenas a ausência da luz. A luz dissipa a escuridão como o Sol dissipa a bruma matinal. A escuridão da alma é a ausência de Deus. Você tem de recorrer a Ele, pedindo-Lhe que venha iluminá-la. Diga assim:

Eu habito o esconderijo do Altíssimo. Moro à sombra do Onipotente. Direi do Senhor: Ele é o meu refúgio, a minha fortaleza, e Nele confiarei... Ele me cobrirá com Suas penas e debaixo das Suas asas me confiará. A verdade é meu escudo e broquel. (Salmos 91)

Palavras magníficas! Como é bom conhecer essas verdades! Elas eliminam a escuridão da alma. Quem pensa constantemente nelas, quem as repete várias vezes durante o dia, consegue se libertar da tristeza e das preocupações.

Um motorista de caminhão veio me procurar. Estava em pânico; sofrera dois graves acidentes e sabia que, se voltasse a se acidentar, seria despedido. Essa preocupação o estava afetando profundamente. Começava a tremer cada vez que subia para a cabine do veículo e sentia-se inseguro durante as viagens. Eu lhe expliquei que não poderia temer e abençoar suas viagens ao mesmo tempo, e, por isso, precisaria superar sua preocupação com pensamentos de confiança e equilíbrio emocional. Seguindo minhas instruções, ele passou a iniciar cada viagem abençoando a si mesmo e ao seu veículo.

Sou divinamente guiado em todos os meus caminhos. O Amor Divino vai à minha frente e aplaina a estrada que devo percorrer. Meu caminhão é o caminhão de Deus e me leva com segurança aonde preciso ir para cumprir minhas tarefas. A Divina Lei e a Divina Ordem estão em mim enquanto eu dirijo e vou de cidade em cidade, sem empecilhos, com alegria e amor. Abençoo todos os outros motoristas que vejo em meu caminho, desejando--lhes paz, saúde, felicidade e competência na direção. Sou um embaixador de Deus e irradio Seu amor infinito sobre todas as pessoas com as quais entro em contato e sobre todas as cidades que visito. Sei que todas as peças que constituem meu caminhão foram primeiramente criadas na mente de Deus e, por isso, funcionam perfeitamente. Estou sempre equilibrado, sereno e calmo, e, quando é necessário, mantenho-me alerta e incentivado pelo Espírito Santo. O amor de Deus forma um círculo sagrado em torno de mim e de meu caminhão, e ilumina todas as estradas que preciso percorrer em meu trabalho.

Esse homem se manteve em contato comigo e fiquei sabendo que, em três anos, desde que começara a fazer as afirmações, não sofrera mais nenhum acidente e nem mesmo recebera multas de trânsito. Ele me contou que, à medida que enchia sua mente com essas verdades, todos os pensamentos de preocupação que tanto o prejudicavam iam desaparecendo como por encanto. "Repeti tantas vezes essa prece que logo a decorei. Adquiri o hábito de pensar nessas palavras enquanto dirigia, mas não as repetia como se fosse um papagaio. Procurava me demorar em cada frase para entendê-la em sua profundidade. Eu sabia o que estava fazendo e por que estava fazendo. Aprendi com o senhor que estava implantando essas ideias em meu subconsciente e que tudo o que nele é gravado se concretiza como forma, função, experiência e eventos. Eu também tinha certeza de que a vibração mais elevada desses pensamentos eliminaria qualquer pensamento negativo."

Esse motorista não sente mais medo ou preocupação quando entra em seu caminhão. Ele aprendeu que a prece tem o poder de modificar situações, mas é preciso disciplina, porque ela tem de se tornar um hábito, um vício bom. Como você aprendeu a andar? Começou engatinhando, de fato, e depois fez muitas tentativas de ficar em pé e movimentar as pernas para a frente e para trás. Apesar das quedas, você não desistiu e formou um modelo de pensamento em sua mente. Pouco a pouco, andar se tornou uma segunda natureza, e não havia mais necessidade de refletir sobre o que estava fazendo quando queria atravessar uma sala. Em outras palavras, quando se repete um modelo de pensamento ou de ato muitas e muitas vezes, ele acaba se tornando automático, como se pertencesse a uma segunda natureza, que é a resposta do seu subconsciente aos seus atos e pensamentos conscientes — e isso também é uma prece.

Há alguns anos, eu estava em uma loja na cidade estadunidense de Wichita quando o proprietário me reconheceu, convidou-me a ir para trás do balcão e me mostrou um cartaz que colocara logo acima da caixa registradora: "Não temerei mal algum porque estás comigo" (Salmos 23). Ele me contou que a loja fora assaltada três vezes e que, em duas dessas ocasiões, enfrentara um cano de revólver apontado para a sua cabeça.

"Depois do terceiro assalto, quis vender a loja e entrar em outro ramo de negócio, mas havia investido muito dinheiro aqui... Embora não fosse só uma questão de dinheiro. Eu amo esta comunidade e tenho amizade com meus clientes há muitos anos. Acabei decidindo ficar. Comecei a rezar pedindo a proteção de Deus e li e reli a Bíblia. Encontrei muitas palavras de consolo e incentivo, mas as que mais me marcaram foram as do Salmo 23."

O homem prosseguiu e apontou de novo o pequeno cartaz sobre a caixa registradora.

"Sempre que penso nessa frase, sinto uma bênção caindo sobre mim. Passei a considerar o Infinito Poder que vive dentro de mim como meu sócio e afirmo muitas vezes durante o dia: 'A Infinita Inteligência que está em mim é meu eu superior, meu parceiro. Ele me guia e me protege.' Agora, eu me sinto seguro porque sei que o amor de Deus forma um círculo de proteção em torno de mim, dos meus clientes e dos meus vizinhos. Também criei o hábito de repetir constantemente esta parte do Salmo 23: '(...) não temerei mal nenhum porque Tu estás comigo; a Tua vara e o Teu cajado me consolam (...). Bondade e a misericórdia certamente me seguirão todos os dias da minha vida; e habitarei a casa do Senhor para todo o sempre.'"

DERROTANDO A PREOCUPAÇÃO

Entenda que a casa do Senhor é sua mente. É nela que você anda com Deus e conversa com Ele, porque Deus é a Suprema Inteligência, a Inesgotável Sabedoria que habita as profundezas do seu subconsciente.

O dono da loja enfrentou a preocupação e a ansiedade e as derrotou. Contou-me que já havia passado quatro anos desde o último assalto e que não tivera nenhum problema sério durante esse período, além de ter prosperado muito nos negócios. Percebeu que a preocupação era um pensamento irracional. Ele se conscientizou de que Deus batia na porta do seu coração, que, como costumo ensinar, só se abre de dentro para fora, e aprendeu que tudo o que teria de fazer era deixá-Lo entrar para fazer contato com o seu pensamento.

Quando alguém se abre para Deus, está permitindo que a Inesgotável Sabedoria entre em ação para elevá-lo, guiá-lo, inspirá-lo, orientá-lo, para abrir novos caminhos, para protegê-lo e sustentá-lo. Ela é a Presença e o Poder que, por exemplo, curam uma queimadura, dando-lhe nova pele e outros tecidos. Foi ela que lhe concedeu a primeira centelha de vida no ventre da sua mãe e é ela que cuida do funcionamento do seu organismo, mesmo quando você está profundamente adormecido. A Inesgotável Sabedoria vive no seu interior e está pronta para vir em seu auxílio na busca de soluções para os seus problemas. Ela está sempre lá, mesmo que você não a use. Por isso, costumo dizer que a preocupação é a manifestação da preguiça. Se você faz uso contínuo da Inesgotável Sabedoria, não dá margem a preocupações.

Um engenheiro me explicou como conseguia minimizar suas preocupações ao encarar os acontecimentos como se estivesse diante de um problema de engenharia.

AUMENTE O PODER DO SEU SUBCONSCIENTE
PARA VENCER O MEDO E A ANSIEDADE

"Quando ocorre uma falha técnica no meu trabalho, eu pego os desenhos de projeto e os divido em pequenas áreas. Procuro analisá-las atentamente e depois começo a me perguntar: 'Onde está a origem do problema?'; 'Por que ele surgiu nessa área específica e não em outra?'; 'Como isso impediu o funcionamento daquele setor?'. Quando se trata de preocupações, eu pergunto: 'O que está por trás delas?'; 'Elas têm poder sobre mim?'"

Colocando em prática seu pensamento racional e uma análise lógica, ele desmembra suas preocupações e, muitas vezes, percebe que elas são apenas sombras inverídicas e ilusórias em sua mente.

Ora, uma sombra não tem poder! E a preocupação é, de fato, uma sombra na sua mente. Não tem realidade, não é regida por um determinado princípio e não há verdade por trás dela.

Um médico me disse que muitos dos seus pacientes são tão preocupados com doenças que *não têm* que terminam por sofrer sintomas desses males imaginários. Os cientistas chamam isso de enfermidades "psicossomáticas", palavra derivada dos termos "psico", que significa "a mente", e "somático", relativo ao organismo humano. O que está na mente se reflete nas reações corporais. Um amigo meu, pastor de uma igreja em Los Angeles, nos Estados Unidos, falou que estava muito preocupado com o seu coração, porque sentia palpitações e falta de ar. Seu superior, um homem vinte anos mais velho do que ele, estava hospitalizado por causa de um infarto e, antes do acontecido, queixava-se dos mesmos sintomas. Aconselhei-o a consultar um cardiologista. Depois de fazer os exames requisitados, o médico afirmou que não havia nada errado em seu coração e lhe explicou que o infarto do seu superior havia desencadeado uma preocupação tão grande que seu cérebro estava enviando estímulos para criar espasmos e respiração difícil. O cardiologista acrescentou:

"O senhor deve praticar o que prega. A cura do seu problema não está nos livros de medicina, mas no 'Livro dos Livros'. Leia de novo o Salmo 27: 'O Senhor é minha luz e minha salvação (...)' Concentre-se nessas palavras e continue meditando sobre elas até a falsa ideia sair de sua psique e deixar de influenciar o seu corpo."

O pastor aceitou a sugestão e pôs em prática a grande lei da substituição, repetindo constantemente as ideias boas e produtivas até sua mente se convencer da verdade, que o libertou e tranquilizou.

Requer um pouco de trabalho e demora algum tempo, mas qualquer um pode seguir esse exemplo. O principal é a disposição firme de repetir constantemente as afirmações positivas para que elas expulsem as ideias destrutivas que estão afligindo a mente. É por isso que digo que é preciso disciplina.

O jovem pastor tomou a decisão de vencer sua obsessão da ideia de que sofria do coração — a causadora dos espasmos no seu peito. "Vou me livrar desses falsos sintomas. Eu os enfrentarei de peito aberto. Há uma sombra em minha mente e eu me recuso a dar poder a uma sombra." Ele ficou completamente curado. Mas... curado de quê? De uma falsa crença que acalentou em sua mente.

Um outro exemplo de como a prece e a meditação podem derrotar a preocupação e restaurar a saúde foi trazido à minha atenção quando um homem aparentemente bem-ajustado e equilibrado veio me procurar. Ele me contou que estava muito preocupado porque seu médico lhe dissera que sua pressão arterial estava alta demais, e que ele teria de diminuir seu ritmo de vida e procurar fazer sessões de relaxamento.

"Mas eu não posso mudar meu ritmo de vida. Tenho muito o que fazer, e a pressão que sofro na firma em que trabalho é terrível."

AUMENTE O PODER DO SEU SUBCONSCIENTE
PARA VENCER O MEDO E A ANSIEDADE

Logo percebi que esse homem estava sofrendo de um longo e crescente acúmulo de pequenas frustrações. Sugeri, então, que mudasse sua maneira de pensar. Ele não estava neste mundo para ser doente e precisava enfrentar os problemas e derrotá-los, em vez de tentar fugir deles. Ele estava mental e espiritualmente preparado para lidar com qualquer dificuldade, e a ação correta seria encará-la e dizer com coragem: "O problema está aqui, mas a Infinita Inteligência também está aqui e só conhece respostas." Todas as condições, circunstâncias e eventos são sujeitos a alterações, e qualquer criação um dia desaparecerá. Diz um antigo ditado: "Tudo passa, só Deus não muda." Seu eu mais profundo, que é a mente e o espírito, jamais passará.

Ensinei a essa pessoa que sua primeira atitude deveria ser a de retirar sua atenção dos seus males físicos e confiar na Inteligência Criativa em seu interior, que fizera seu corpo e era capaz de curá-lo e revigorá-lo. Eu lhe dei a seguinte meditação para repetir várias vezes por dia, acompanhada da sugestão de que essas verdades limpariam completamente a sua mente dos pensamentos negativos.

"De maneira regular e periódica, desvio minha atenção dos conflitos e das irritações do mundo e me volto para a Divina Presença que existe dentro de mim, e comungo com Ela. Sei que sou constantemente nutrido por Ela e que o rio de paz que sai de Deus inunda a minha mente. A Infinita Inteligência me revela a solução perfeita para cada problema que surge diante de mim. Rejeito a aparência das coisas e afirmo a supremacia da Inesgotável Sabedoria que mora no meu ser. Sei que a Infinita Inteligência me orienta, que a Divina Ação Correta reina suprema em minha vida. A Milagrosa Presença Curadora está fluindo através de mim, restaurando cada átomo e molécula do meu organismo. Sinto-me envolvido pelas águas curadoras do rio da paz divina e estou

DERROTANDO A PREOCUPAÇÃO

relaxado, equilibrado, sereno e calmo. Sei que a Divina Presença pode me devolver a perfeição que havia em mim quando Ela me criou, e dou graças pela cura milagrosa que está acontecendo neste momento."

Fazendo essas afirmações várias vezes ao dia por um bom período de tempo, esse homem conseguiu equilibrar suas emoções e parou de se concentrar apenas nas atribulações e aborrecimentos cotidianos. Um mês depois, outro exame médico comprovou que sua pressão voltara ao normal e que seu estado geral de saúde melhorara muito. Ele descobriu que um novo modo de pensar fora capaz de restaurar seu vigor e sua disposição. Atualmente, quando sente que as tensões e pressões decorrentes do trabalho estão começando a perturbá-lo, logo determina: "Nada é capaz de me afetar." Para reforçar a afirmação, mandou fazer uma pequena placa com essas palavras para colocar em sua escrivaninha.

Você permite que os acontecimentos o perturbem? Fica alterado quando vê as notícias diariamente? Irrita-se com as opiniões de outras pessoas? Não se deixe afetar por coisas que não pode mudar. A única atitude que você pode tomar diante de uma fruta azeda ou amarga é não comê-la. Você sempre encontrará obstáculos em sua jornada de vida, por isso, aprenda a dar a volta para não se chocar com eles. Sintonize com o Infinito e Ele lhe dará as respostas para a solução dos seus problemas. Exalte a Sabedoria Divina que existe dentro do seu ser e nada terá capacidade de perturbá-lo.

Resumo do capítulo

- Quando pensamentos de preocupação surgirem em sua mente, lembre-se de que a Infinita Inteligência está pronta para

AUMENTE O PODER DO SEU SUBCONSCIENTE
PARA VENCER O MEDO E A ANSIEDADE

fazer seu desejo, ideal, plano ou propósito se concretizar dentro do tempo devido da Divina Ordem. É assim que derrotamos nossos pensamentos negativos.

- Quando seus pensamentos são similares aos pensamentos de Deus, eles têm poder. Habitue-se a limpar sua mente da mesma maneira como limpa a sua casa. Lembre-se de que a mente é seu verdadeiro lar e de que você precisa estar constantemente varrendo para fora os pensamentos negativos, de modo a abrir espaço para as verdades de Deus, que expulsam da mente tudo o que é diferente Dele.

- Quando você se habitua a repetir um modelo de pensamento ou de ação com constância, ele acaba se tornando uma segunda natureza, que é a resposta da sua mente subconsciente aos seus pensamentos e atos conscientes. A repetição de ideias e atitudes positivas também é uma prece.

- Sua mente é a casa de Deus. É nela que você caminha e conversa com o Senhor, porque Ele é a Suprema Inteligência, a Sabedoria Inesgotável que habita as profundezas do seu subconsciente.

- Todas as condições, circunstâncias e eventos podem ser modificados. Tudo o que é criado tem seu fim. Um antigo ditado afirma: "Tudo passa, só Deus não muda." Seu eu mais profundo, que é a sua mente e o seu espírito, jamais passará.

CAPÍTULO 2
Expulse a culpa

A vida não guarda rancor de ninguém. Deus, o Espírito Vivo e Todo-Poderoso que o criou, é sua mente, seu eu espiritual, e você está vivo com a vida de Deus. Deus é vida e jamais deixa de animá-lo, sustentá-lo e fortalecê-lo para que você atinja o seu mais elevado desenvolvimento espiritual. A vida está constantemente nos perdoando. Temos de deixar o véu da superstição cair de nossos olhos e fixarmos nossa atenção nas verdades mais simples e fundamentais, que todo ser humano já conhece.

A verdade vem sendo distorcida, desviada e corrompida de tal maneira que, atualmente, mal é reconhecida, motivo pelo qual a culpa é um sentimento universal. Alguns psicólogos dizem que a culpa é a maldição das maldições. Em todas as eras do mundo, os seres humanos procuraram meios para se livrar da culpa e criaram inúmeras cerimônias e rituais com esse propósito, como, por exemplo, o sacrifício de bezerros e pombas para aplacar a ira de Deus. Quando os antigos perdiam suas colheitas por causa de inundações ou secas, acreditavam que os deuses estavam se vingando de algo que haviam sofrido. O sacerdote tribal tinha de encontrar o motivo para a ira dos deuses e inventava respostas para satisfazer a imaginação supersticiosa, porque, se não desse uma explicação convincente, poderia ser morto devido à sua incapacidade de proteger o vilarejo. Na Antiguidade, as pessoas sacrificavam seus filhos para aplacar a cólera dos supostos deuses da doença, do fogo, da água e da fome, e, infelizmente, em regiões remotas e atrasadas do mundo, essa terrível prática continua existindo. Inúmeros rituais eram feitos diariamente para agradar os deuses, um costume que nos lembra a obrigação de um comerciante de pagar propina a bandidos para que seu estabelecimento não seja multado ou destruído.

Precisamos ter em mente que a sensação de culpa tem origem no que chamamos de consciência. Muitos pensam que a voz da consciência é a voz de Deus. Isso é mentira! A voz da consciência é a voz de outras pessoas; muitas vezes, a voz da ignorância, do medo, da superstição, das falsidades e dos conceitos distorcidos que ficaram gravados em seu subconsciente, dos ensinamentos errados e até duvidosos sobre um Deus que deveria ser apenas um Deus de amor.

Temos de aprender a usar corretamente o Princípio Vital e a parar de nadar contra a corrente da vida. Quando uma criança nasce, é a vida universal se individualizando e entrando em uma família. O recém-nascido não tem discernimento nem discriminação, ainda não começou a usar seu raciocínio e está sujeito ao estado de espírito e à atitude dos pais. À medida que cresce, a criança quer sempre seguir seus impulsos físicos, inerentes à sua condição de ser humano, e não vê mal nisso. O pai ou a mãe que não compreendem o que está acontecendo dizem: "Você é má. Você é pecadora. Você é uma criança malvada. Deus vai castigá-la. Você vai queimar no inferno por isso!" A criança fica chocada, perplexa. Como não tem discernimento, não consegue entender o que fez de errado. Por isso, sente que foi separada do amor, do afeto e da segurança, pois é isso que os pais representam. A criança percebe que a mãe ficou com raiva e reage, por

EXPULSE A CULPA

exemplo, urinando na cama. Certos psicólogos argumentam que esse comportamento indica que a criança está querendo afogar sua mãe em remorso, mas existem outros. A criança pode reagir se tornando tímida, retraída e assustada, mostrando uma profunda sensação de inferioridade ou rejeição.

Um menino pode reagir a um pai cruel e tirânico tornando-se hostil, briguento e rancoroso. Como o pai é muito maior do que ele, reprime sua raiva, que acaba se tornando um ferimento infectado. Na adolescência, estará sempre em conflito com os professores, diretores, policiais e outros símbolos da autoridade, porque, agora, tendo crescido em estatura, sente, em sua mente, que pode brigar e vencer o pai. O garoto, porém, não tem consciência dessa oposição à autoridade, porque ninguém jamais lhe ensinou como sua mente funciona.

Todas as criaturas estão sujeitas a algum tipo de autoridade, inclusive o presidente dos Estados Unidos, por exemplo, que tem de se submeter às decisões do Congresso. Por isso, temos de nos ajustar à autoridade e assumir o controle de nossos pensamentos, sentimentos e respostas, de nossa mente. Quando encontramos força para nos dirigir ao emaranhado de pensamentos que nos foram impostos ao longo da nossa infância, devemos dizer: "Eu sou o dono dessa mente e vou pôr ordem nos meus pensamentos." Temos de decidir quais devem ficar e receber atenção, e quais devem sumir para sempre, agindo como um grande empresário que dá ordens e instruções para seus funcionários executarem.

Assuma o controle de sua própria mente; não permita que outros a governem. Infelizmente, credos, dogmas, tradições, superstições, medo e ignorância mandam na mente do ser humano comum. O maior deserto do mundo não é o Saara, mas a própria mente desse indivíduo, porque suas ideias e seus pensamentos não lhe pertencem, e seu subconsciente é regido geralmente por ideias vindas de membros da família ou resultante das dominações que querem governar os outros.

Conheci um menino que morria de medo de ser castigado por Deus quando não assistia à missa no domingo. Esse temor era causado pela superstição e por falsas crenças implantadas em seu subconsciente por seus pais, professores ou sacerdotes. Como acreditava nelas, ouvia a "voz da consciência", que lhe causava a sensação de culpa e a certeza de que teria de pagar pelo seu pecado. Todos nós, quando crianças, recebemos uma enxurrada de tabus, restrições, obrigações e sermões. Você pode ter tido uma mãe, avó ou tia que costumava lhe rogar pragas e maldições porque você não se comportava de determinada maneira ou não gostava de uma religião qualquer, criando, em sua mente, a ideia de que era uma criatura má, pecadora, que seria duramente castigada. Infelizmente, as crianças têm a mente contaminada e poluída pelas ideias mais estranhas e mirabolantes e por falsas doutrinas.

Os pequeninos são especialmente suscetíveis a sensações de culpa quando desobedecem aos pais ou professores. Eles costumam ser alertados de que a desobediência será castigada tanto pelos adultos que os cercam quanto pelo "Papai do Céu". Essa atitude é desastrosa para algumas crianças, porque cria um complexo de culpa no seu interior que poderá destruir sua vida. Seria muito melhor explicar à criança porque foi errado o que ela fez e lhe dar um castigo apropriado à sua idade e nível de entendimento, como a perda de um privilégio ou a privação da companhia dos amigos por algum tempo. Jamais crie o temor da danação eterna em uma criança. É muito melhor lhe dizer que o amor de Deus jamais cessa e que Ele sempre estará protegendo-a para que tenha uma vida feliz.

Nunca se deve dizer às crianças que elas nasceram na iniquidade e foram concebidas em pecado, porque isso é uma mentira monstruosa, uma ideia perversa demais para ser expressa. Elas devem ser ensinadas que são filhas amadas de Deus. Como disse Moisés: "Somos todos filhos de EU SOU." Devem aprender que Deus é o Criador Supremo de todas as coisas e que Deus é amor. Elas também precisam aprender que o amor não faz nada que seja diferente do amor. Existem inúmeras coisas que Deus não faz. Ele não nos castiga. Não deseja nossa morte, porque a Vida não deseja a morte, o que seria uma contradição da sua natureza.

Quem instrui a criança na regra de ouro está formando uma boa consciência. Ela aprende a amar e a respeitar os pais e os outros, aprende que a honestidade é importante. Quando, por exemplo, for tentada a roubar algo, surgirá a vozinha que grita dentro da sua mente: "Não, não roube; isso pertence a outra pessoa!"

As figuras parentais estão neste mundo para ensinar às suas crianças a diferença entre veneno de rato e manteiga, entre o gambá e o gato, entre o que é certo e o que é errado. Elas têm de aprender o que é correto, nobre e digno nos filhos de Deus, os princípios universais e as verdades eternas, que jamais mudam. Entretanto, quantas dessas qualidades estão realmente sendo ensinadas nos dias de hoje? Essa é uma falha que precisa ser sanada o mais rapidamente possível, porque os seres humanos querem ter autoestima, querem se sentir valorizados e reconhecidos pelos parentes, cônjuges e vizinhos como pessoas honestas, sinceras e boas. Todavia, muitos de nós recebeu uma educação equivocada, que só serviu para encher nossa mente de falsas crenças e superstições.

Algumas pessoas têm sérias dúvidas sobre suas prioridades. Por um lado, acreditam que estão fazendo o melhor para sua família, mas, interiormente, têm dúvidas sobre essa atitude. Barbara L.

era uma dessas pessoas. Uma gerente de vendas bem-sucedida de uma imobiliária importante atuava como supervisora de um grupo de sete corretores e recebia elogios constantes da diretoria pela sua produtividade.

Barbara era mãe solo de dois meninos em idade escolar, que estudavam em uma escola particular de prestígio e tomava todas as precauções para que fossem bem cuidados. Tinha uma empregada em tempo integral, que preparava a comida dos garotos, atendia suas necessidades imediatas e também lhes servia de motorista, levando-os à escola e a outras atividades. Barbara, muitas vezes, tinha de trabalhar nos fins de semana, mas tentava fazer das horas que passava com os meninos um tempo de qualidade. Sempre que podia ficar em casa, brincava e conversava muito com eles, mostrava-se interessada em seus amigos e colegas, e ajudava-os a fazer o dever da escola. Entretanto, não se considerava plenamente feliz.

Ela veio me procurar dizendo que tinha um grande sentimento de culpa por não ser boa mãe.

"Não tenho um horário certo no trabalho. Preciso estar sempre disponível para atender os clientes dentro da sua conveniência, não da minha. Não posso abandonar esse emprego porque dependo dele para criar meus filhos."

A culpa tornara-se tão grande que estava afetando sua saúde. Tinha dificuldade para dormir, sofria de problemas estomacais e sua pressão arterial havia subido para bem acima do normal. Perguntei-lhe se os meninos estavam bem.

"Oh, sim! Os dois são ótimos alunos. O mais velho está em um time de beisebol e tem muitos amigos. O mais novo não aprecia muito os esportes, está mais interessado em música e adora as aulas de piano e violão. Eles gostam demais da governanta e são muito afetuosos comigo. Acredito sinceramente que são felizes."

EXPULSE A CULPA

Perguntei-lhe que, se estão felizes e indo bem nos estudos, por que estava se sentindo tão culpada, iniciando uma conversa para tentar encontrar uma explicação. Depois de algum tempo, isto foi o que Barbara revelou:

"Sabe, minha mãe não aprova meu estilo de vida. Ela nunca trabalhou fora e acredita firmemente que a principal prioridade de uma mãe tem de ser cuidar dos filhos. Eu até concordo com a ideia e poderia procurar um emprego de meio período para passar mais tempo com eles. Entretanto, minha renda atual me permite dar aos meninos a melhor educação e cuidados que poderiam ter. Mamãe vive dizendo que Deus vai me castigar por não ser uma boa mãe e eu me preocupo com a possibilidade de ela estar certa. Não sei o que fazer."

Expliquei a Barbara que Deus não pode nos condenar ou castigar. Somos nós mesmos que fazemos isso. Quem deixa outras pessoas controlarem sua mente perde a liberdade que Deus lhe deu de tomar decisões com base nas suas próprias ideias e valores.

Disse a ela o seguinte: "Você está deixando os sentimentos e as emoções de sua mãe substituírem seus próprios sentimentos dentro do seu subconsciente, e o resultado é conflito e culpa. Somos ensinados que devemos honrar pai e mãe, mas isso não significa que eles estejam sempre certos. A atitude que sua mãe considera correta talvez não seja correta para você. Siga seu próprio coração, a sua mente mais profunda. Alimente-a com pensamentos positivos por meio de preces e meditações, e elas expulsarão as sementes de culpa que sua mãe semeou do seu subconsciente. Eu lhe darei uma oração que você deverá colar no seu espelho para vê-la constantemente e repeti-la pela manhã e à noite."

AUMENTE O PODER DO SEU SUBCONSCIENTE
PARA VENCER O MEDO E A ANSIEDADE

O Reino de Deus está dentro de mim. A Infinita Inteligência me conduz e me orienta em todas as minhas ações sempre que recorro ao Seu auxílio.

A autocondenação é a mais destrutiva de todas as toxinas mentais, porque rouba sua vitalidade, seu entusiasmo e sua energia, e pode afetar todos os órgãos do seu organismo. Se há um copo com água suja à sua frente, você pode condená-la, xingá-la e amaldiçoá-la quanto quiser, mas essa atitude não vai fazer com que ela se purifique. Entretanto, se você derramar água limpa no copo, sem cessar, uma hora qualquer, ele ficará cheio de água limpa. É o que acontece em sua mente. Mesmo que você tenha feito muito mal no passado, cometendo crimes como assassinato, roubo, estelionato etc., se parar agora e mudar seu modo de pensar, deixando o Divino Amor, a paz e a harmonia inundarem sua mente, e se for sincero no propósito de se transformar por completo, o passado ficará esquecido para sempre.

Para a mente subconsciente, não existe tempo nem espaço, e ela não julga nem guarda ressentimentos. Por isso, a qualquer momento, você pode perdoar a si o que fez e começar uma nova caminhada.

Muitas vezes, já me foi pedido que fizesse um resumo dos meus conceitos sobre um assunto específico, dando aos meus leitores e ouvintes uma lista de sugestões. Pensei bastante no caso e, para começar, elaborei uma lista de dez regras básicas para lidar com o sentimento de culpa.

1. Nascemos sem o menor sentimento de culpa. A culpa é uma doença mental e tem de ser considerada anormal e não natural.

EXPULSE A CULPA

2. Aquilo que desejamos precisa primeiramente ser concebido em nossos pensamentos e, depois, programado para ficar impresso no subconsciente.

3. A consciência é uma sensação interna e nem sempre está fundamentada na verdade. Muitas vezes, ela é a voz da ignorância, do medo, da superstição e de preconceitos implantados em nossa mente por nossos pais ou outras figuras de autoridade.

4. É errado ameaçar a criança com "castigos de Deus". Deus é amor e não castiga ninguém.

5. Não permita que sua consciência seja seu guia. Seu verdadeiro guia e orientador é Deus. É a Infinita Inteligência que o conduzirá para uma vida plena e abençoada.

6. Culturas, religiões e grupos étnicos têm conceitos diferentes sobre "consciência".

7. Uma vida "semelhante a Deus" não depende de regras impostas por qualquer religião. Deus não conhece credos, dogmas ou opiniões sectárias. Ele está acima de tudo isso.

8. Somente Deus e ninguém além Dele deve ser seu guia espiritual.

9. Muitas pessoas tomam caminhos errados e vivem cheias de culpa porque aceitam como certo aquilo que, na verdade, é completamente errado.

10. Deus quer que sejamos felizes. A lei de Deus é a lei de saúde, felicidade, paz, ordem, beleza, boas ações e prosperidade.

Resumo do capítulo

- Temos de aprender a usar o Princípio Vital que existe em nosso interior de maneira correta e a parar de nadar contra a corrente. Uma criança que nasce é a vida universal se individualizando e tomando lugar em uma família. O recém-nascido não tem discernimento nem discriminação e ainda não começou a usar seu raciocínio. Por isso, ele está sujeito às atitudes, às ideias e ao estado de espírito dos seus pais ou dos que cuidam dele.

- Você precisa assumir o controle de sua própria mente; não permita que outros a governem. Credos, dogmas, tradições, superstições, medo e ignorância regem a mente de grande parte dos indivíduos, e muitos deles não são os verdadeiros proprietários de sua mente. Os pensamentos acalentados em sua mente vieram de familiares e outras figuras de autoridade dominadoras.

- As crianças são especialmente suscetíveis a sentimentos de culpa quando desobedecem aos pais ou professores. Não é incomum serem alertadas de que a desobediência levará a castigos e, pior, de que Deus irá castigá-las por serem más. Ameaças desse tipo podem ser desastrosas para a personalidade de certas crianças, criando um complexo de culpa que poderá destruir sua vida. Não ensine uma criança a ter medo do inferno, da eterna danação. É muito melhor lhe explicar que o amor de Deus é eterno e que Ele continuará a amá-la apesar das suas pequenas faltas. Ensine-a que Deus está sempre pronto para ajudá-la a ter uma vida feliz.

EXPULSE A CULPA

- Quem deixa outras pessoas assumirem o controle da sua mente perde a liberdade que Deus lhe deu para tomar decisões com base nos seus próprios pensamentos. Você deve seguir os ditames do próprio coração, que, em outras palavras, é o seu subconsciente. Alimente sua mente racional com pensamentos positivos, preces e meditações, e ela expulsará do subconsciente todas as sementes de culpa plantadas por outras pessoas.

- A autocondenação é a mais destrutiva das toxinas mentais, porque rouba a vitalidade, o entusiasmo e a energia, e pode afetar todos os órgãos do seu corpo. Se deixar o Divino Amor, a paz e a harmonia inundarem sua mente e se for sincero na sua transformação, o passado será esquecido para sempre.

CAPÍTULO 3
Como derrotar definitivamente o medo

A mais ampla das condições mentais mórbidas que influem de maneira desastrosa no organismo humano é o estado de medo, que pode variar desde uma leve apreensão por um mal iminente a um estado de alarme, terror ou pânico extremo. Porém, em maior ou menor escala, a sensação de medo é sempre igual — uma impressão paralisante dos centros vitais, que pode produzir uma grande variedade de sintomas doentios em todos os processos e tecidos do organismo.

O medo é como um gás venenoso que invade o ar que uma pessoa respira e causa asfixia mental, moral e espiritual, e, às vezes, até a morte — morte da energia, dos tecidos corporais e morte de todo o tipo de evolução e crescimento.

Neste capítulo, veremos como o medo pode afastá-lo do sucesso e o que é preciso fazer para transformar pensamentos negativos em pensamentos de coragem e vencer esse terrível inimigo. O primeiro passo é ter uma profunda crença de que você e Deus constituem uma unidade. Se você está com Deus, já podemos falar em maioria e, "se Deus é por nós, quem será contra nós?". O Princípio Vital está sempre pronto para vir em seu auxílio. Ele cicatriza um corte no seu dedo, permite-o vomitar e expelir alimentos estragados, cura queimaduras ao lhe dar tecidos e pele novos, porque seu primeiro propósito é preservá-lo, restaurá-lo e protegê-lo.

AUMENTE O PODER DO SEU SUBCONSCIENTE
PARA VENCER O MEDO E A ANSIEDADE

Portanto, diga e repita constantemente para o seu subconsciente que você é divino, porque as ideias são transmitidas para ele por meio da repetição, da fé e da esperança. Não desista, por mais que uma melhora esteja demorando. Tenha plena consciência de que a Presença Divina está no fundo do seu ser e de que você e Ela são um só. Você é divino porque é um filho amado do Deus Vivo e herdeiro de todas as suas riquezas. O imensurável poder da mente de Deus está sempre à disposição para fluir para o ponto em que você está concentrando sua atenção.

Existe um grande número de pessoas que simplesmente tem medo de viver e pavor de morrer e não sabe como se livrar do medo monstruoso que as aterroriza e as persegue do berço até o túmulo. Para milhares de indivíduos, o temor de um mal iminente é uma presença constante, perseguindo-os mesmo nos momentos mais felizes. Suas vidas são tão prejudicadas por esse medo tóxico que essas pessoas nunca encontram pleno prazer ou conforto em qualquer situação, mesmo que estejam vivenciando uma fase de prosperidade. Via de regra, esse medo está enraizado em sua vida, gerando timidez excessiva e retraimento.

Há pessoas que vivem envoltas em medo — de pegar um resfriado; de correntes de ar; do frio; de comer o que desejam; de tentar uma nova carreira ou emprego; de se aventurar em novos empreendimentos financeiros, imaginando que poderão perder todo o seu dinheiro; medo do que os "outros", que nunca são mais do que uns dez ou 15 parentes, amigos ou vizinhos, vão pensar das suas atitudes; da opinião pública; da pobreza; do fracasso das colheitas; de epidemias; guerras; trovões; raios etc. Sua vida é um medo constante e, a cada dia, elas encontram novos e piores motivos para ter mais medo.

COMO DERROTAR DEFINITIVAMENTE O MEDO

O medo e a preocupação atraem aquilo que tememos. O medo prejudica a saúde, encurta a vida e paralisa a eficiência. Dúvida e medo resultam em fracasso. A pessoa que só espera o mal se torna profundamente pessimista e desagrada a todos os que são obrigados a conviver com ela, o que resulta em novos medos — da solidão, do desprezo, de ser esquecida.

O medo, em todas as suas diferentes formas de expressão, como preocupação, ansiedade, raiva, inveja, ciúme, timidez etc., é o maior inimigo da humanidade e rouba uma vida de mais felicidade e eficiência dos seres humanos, ou força-os a se contentar com a mediocridade e a covardia.

"Não preciso ter medo." Repita essas palavras para você mesmo milhares de vezes e, pouco a pouco, seu subconsciente irá aceitá-las. Ele começará a acreditar, porque você crê nelas em sua mente consciente e racional, e seu subconsciente transforma em realidade tudo aquilo em que a mente racional acredita firmemente, em que ela põe emoção. Portanto, não hesite; não deixe de repetir essa verdade. A ordem do seu consciente será gravada na sua mente mais profunda, e ela responderá.

Diga a você mesmo, com muita frequência, que Deus habita o âmago do seu ser, que você é divino e que o Todo-Poderoso sempre se movimenta a seu favor. Quando se defrontar com um desafio, quando encontrar qualquer tipo de problema ou dificuldade, repita essas verdades, porque elas lhe trazem uma vantagem incomensurável sobre tudo. O problema pode estar aqui, mas a presença de Deus também está aqui. "Não preciso ter medo." Pense nisso muitas e muitas vezes, quando estiver dirigindo seu carro, ao se deitar para dormir, quando for conversar com alguém. Tenha sempre em mente que Deus está pensando, falando e agindo por seu intermédio e que Ele atua incessantemente.

Quando sentir o medo chegar, diga: "A fé em Deus abre a porta da minha mente e expulsa qualquer tipo de temor." Sinta que você é uno com o poder de Deus. No momento em que você se alinhar com ele, forças poderosas virão em seu auxílio.

Parafraseando o Salmo 23, "(...) não temerei mal nenhum porque Tu estás comigo; a Tua vara e o Teu cajado me consolam (...) Bondade e misericórdia certamente me seguirão todos os dias da minha vida; e habitarei a casa do Senhor para todo o sempre". A sua mente é a casa de Deus, é o Jardim do Éden no qual você anda e conversa com a Suprema Inteligência.

Quando você sente medo ou aceita pensamentos negativos, está vibrando em nível muito baixo. Porém, quando medita sobre um salmo e repete em voz alta ou silenciosamente afirmações como "O Senhor é o meu pastor; nada me faltará" ou "A Presença de Deus está aqui onde estou" ou, ainda, "Eu habito o esconderijo do Altíssimo e repouso à sombra do Onipotente", "Direi do Senhor: Ele é meu refúgio, minha fortaleza e Nele eu confio", "Ele me cobrirá com Suas penas e sob Sua asa adormecerei" e "A verdade é meu escudo e minha armadura", você alcança patamares mentais de vibrações elevadas.

Repita sempre que lembrar: "Deus está me guiando neste mesmo instante. A presença de Deus vive em mim." Agindo dessa forma, você está pensando espiritualmente, porque seus pensamentos agora são pensamentos de Deus e todo o poder de Deus flui por meio deles. Este é o significado do que costumo afirmar: ser uno com Deus já constitui uma maioria diante de qualquer tipo de adversidade. Portanto, pense sempre em harmonia, no Infinito Amor fluindo através de você, revigorando-o, curando e renovando. Esses pensamentos têm um alto nível de vibração.

COMO DERROTAR DEFINITIVAMENTE O MEDO

O que você pode fazer quando lhe ocorrerem pensamentos negativos de medo, premonição, destruição, desastres, terremotos e tantos outros dessa natureza? Jamais se permita dizer: "Ouvi dizer que, mais cedo ou mais tarde, haverá um novo terremoto. Acho que dessa vez minha casa vai desmoronar." O certo é falar: "O amor de Deus me cerca e flui por todo o meu ser. A presença de Deus está em minha casa, e o amor de Deus satura seus alicerces, suas paredes, meu bairro e minha cidade." Entenda que, onde quer que você esteja, o amor de Deus o envolve e o protege. Você está imerso na Presença Divina e, portanto, não resta nenhum espaço para o medo.

Você não precisa ter medo de nada que ocorreu no passado, que está acontecendo agora ou que poderá acontecer no futuro. Não precisa ter medo de pessoas, condições ou acontecimentos, porque o Deus Eterno lhe dá as armas da sabedoria, da verdade e da beleza para vencer qualquer tipo de problema. Você está mergulhado na Onipresença Sagrada e, por isso, tem vibração elevada, que se sobrepõe a todas as outras, pondo fim ao mal, que é uma crença falsa sobre Deus, Sua infinita bondade e Seu infinito amor.

Quando você se deixa envolver pelo medo, está se afastando da presença de Deus. Isso pode parecer chocante, mas é verdade. Muitas pessoas só têm fé nas coisas erradas e estão sempre esperando o infortúnio, acreditando que serão despedidas do emprego, perderão o dinheiro que aplicaram, envelhecerão doentes e sozinhas, quando deveriam estar afirmando o seguinte pensamento:

Estou sempre no meu verdadeiro lugar. Deus é a fonte de tudo de que preciso para ter uma vida saudável e produtiva, e minhas necessidades são atendidas a cada momento e local do espaço. Deus jamais se afasta de mim; Ele me dá sua contínua e eterna proteção.

Por que ficar perturbado, com raiva ou medo do que alguém disse? Por acaso, fazer o que os outros fazem contribui para seu sucesso, sua felicidade, sua paz ou seu fracasso? Não. Os pensamentos dessas pessoas não têm poder sobre nada, nem ninguém. Suponhamos que alguém tenha falado mentiras a seu respeito e que você, além de estar indignado, com raiva do seu desafeto, receie o que os outros poderão pensar. Mas, será que a opinião alheia tem poder para atingir a sua vida? Não. Quais são as crenças que o governam? As suas ou as dos outros? Você é o dono da sua mente, ou está permitindo que outros a manipulem? Quem, de fato, pensa por você? É você mesmo quem toma suas próprias decisões? Lembre-se de que você é soberano sobre o seu reino conceitual, subjetivo, também chamado de "Reino dos Céus", que é o conjunto dos seus pensamentos, sentimentos, emoções e atos. O Reino dos Céus não fica no espaço sideral, e você não precisa sofrer e se esforçar para subir até ele. Você já está nele.

Por que ser subserviente ao pensamento de outra pessoa? Por que não confiar nos próprios pensamentos? Seu pensamento é criativo e divino, porque vem de Deus, que vive no âmago do seu ser. A faculdade do Espírito é pensar. Você é o Espírito, sempre foi e sempre será o Espírito. Tenha um respeito sadio e reverente pelos seus pensamentos, porque eles são suas preces. Lembre-se de que você atrai o que pensa e se transforma no que imagina.

Sempre que um pensamento de medo lhe ocorrer, afaste-o com pensamentos de amor:

"Deus me ama e cuida de mim. Deus me ama e o círculo sagrado do Seu eterno amor forma um anel de proteção à minha volta. O amor de Deus é minha armadura e nenhum tipo de mal tem capacidade de perfurá-la. Deus me orienta a tomar o caminho certo e ilumina minha jornada de vida."

COMO DERROTAR DEFINITIVAMENTE O MEDO

Certa vez, um piloto de avião me disse:

"Nunca sinto medo quando estou pilotando uma aeronave, tenha eu de ir para o norte, o sul, o leste ou o oeste, para perto ou para longe, porque sou piloto de Deus. Eu voo por Ele e me sinto tão seguro no ar como em terra. Nada de mal pode me acontecer porque estou sempre protegido pelo círculo sagrado do amor eterno de Deus."

Robin Wright, um rapaz que trabalha no meu estúdio de gravação, é uma pessoa de enorme fé e que tem grande reverência pelas coisas divinas. Ele consegue tudo o que pede a Deus e conta como é o seu modo de orar:

"A fonte de tudo é Deus. Tenho absoluta certeza de que as coisas espirituais e materiais que peço já estão prontas na fonte. Se não fosse assim, como eu poderia sentir desejo de algo que ainda nem existe? Sei que minhas preces são atendidas dentro do tempo Dele. Jamais penso em recorrer a alguma pessoa ou organização; eu vou direto à fonte."

Portanto, tenha fé na bondade de Deus, nas ações corretas de Deus e em Sua orientação. Tenha fé nos princípios eternos e imutáveis de Deus. Tenha fé em sua mente, porque qualquer ideia que você nutre, sustenta e nela exalta é absorvida pelo subconsciente, em que, como uma semente, morre e concede sua energia para outra forma de si própria. Uma semente de maçã, por exemplo, precisa morrer no solo antes de germinar como uma macieira.

Pense em seus desejos como dádivas de Deus e diga: "Deus, que me deu esse desejo, revele-me o plano perfeito para a sua realização." Faça um quadro mental em que veja essa ideia já concretizada e com a certeza de que tudo o que é gravado no subconsciente termina materializado na tela do espaço. Em nenhum livro sagrado, dos muitos que existem no mundo, está escrito

AUMENTE O PODER DO SEU SUBCONSCIENTE
PARA VENCER O MEDO E A ANSIEDADE

que temos de ter fé no catolicismo, no budismo, no judaísmo, no hinduísmo, no islamismo, no zoroastrismo, no xintoísmo ou em qualquer doutrina. Devemos concentrar nossa fé nas leis criadoras de nossa própria mente e na bondade de Deus, que atende nossos pedidos aqui mesmo, no mundo dos vivos. Temos de ter fé na existência da Infinita Inteligência que está sempre à nossa disposição, pronta para atender nossos desejos. Ela responde a religiosos de qualquer tipo, agnósticos ou ateus, porque essa é a lei imutável da mente. Tudo o que poderemos pedir já está pronto dentro dela, sempre esteve dentro dela. A fé é uma atitude da mente, é o que você espera, o local em que se concentra seu pensamento, e tudo o que conseguir imaginar com nitidez e riqueza de detalhes se materializará.

Algumas pessoas têm medo da velhice, sem saber que a idade não é a fuga dos anos, mas a alvorada do conhecimento. Outras têm medo da morte; não há motivo para isso, porque a morte não é mais do que um novo nascimento. Quando você dorme, seu pensamento vai para outra dimensão e é para essa mesma dimensão que sua alma irá quando você morrer. É bobagem ter medo de coisas que não existem. Você está vivo agora e sua vida é a vida de Deus, que é eterna. Deus não morre, e você também não pode morrer.

Pense que Deus está sempre cuidando de você. Portanto, busque primeiro o reino dos céus e tudo mais, como honrarias, riquezas e progresso, será acrescentado. A grande bailarina afirma: "Eu danço para Ele"; o famoso cantor nos diz: "Deus canta em cadências majestosas dentro de mim." Quando se apresentam, eles pedem a proteção de Deus, indo diretamente à fonte, de modo que são sempre atendidos. Quando alguém fizer um comentário desagradável sobre você, diga consigo mesmo: "Não temerei mal algum porque estás comigo. Teu bastão e Teu cajado me protegem. O Perfeito Amor expulsa tudo o que é diferente de Deus."

Pessoas medrosas são sempre egoístas, porque estão voltadas para si mesmas em introspecção mórbida, crentes de que coisas horríveis acontecerão, de que outras pessoas irão magoá-las, de que espíritos maus poderão possuí-las. Tudo isso se resume a uma única palavra: ignorância. A ignorância é o único "demônio" que existe neste mundo.

Quando você acredita em poderes externos, nega o Único Poder, que habita o âmago do seu ser e procura continuamente se expressar como amor, bem-aventurança, alegria e ações positivas. Quem se deixa dominar pelo medo, agarra-se a uma rocha em vez de se libertar para ser envolvido nas emanações do amor. Pare de construir uma muralha à sua volta, dando força à crença de que "alguma coisa ruim vai me acontecer". Conscientize-se do que Deus é e de que tudo o que existe é Deus, de que o amor de Deus o envolve e flui por meio do seu organismo. Diga: "Deus anda e conversa dentro de mim. Sei que sou uno com meu Pai e meu Pai é Deus. Portanto, não tenho medo." Não tema, pequeno rebanho, porque, para Deus, é um prazer lhe dar o reino dos céus. Tenha sempre em mente que você está envolto no amor divino, imerso na Onipresença.

A Bíblia fala em temor de Deus, mas, nesse contexto, o temor não é sinônimo de medo, mas sim de respeito e reverência. Quando tomamos conhecimento das leis da eletricidade ou da química, passamos a ter muito cuidado na sua aplicação, porque sabemos que, se mal-empregadas, poderão ter consequências danosas. Sabemos o que vai acontecer se pegarmos em um fio desencapado ou causarmos um curto-circuito, ou se combinarmos compostos químicos que resultarão em uma substância explosiva. Ninguém põe a mão no fogo porque sabe que se queimará. O temor reverente é a base da sabedoria; aprendemos a ter respeito pelas leis da mente quando tomamos conhecimento das consequências de fazermos mau uso delas. Como disse Emerson, o grande filósofo estadunidense, "nada, senão o triunfo dos princípios, tem o poder de lhe dar a paz".

A mente é um princípio, e um princípio não muda. Deus é o Espírito Vivo dentro de você, é a Infinita Inteligência, a Eterna Sabedoria, a Única Causa, o Único Poder e a Única Substância que existe no mundo. Nada é capaz de se opor a ela, de distorcê-la ou desafiá-la. Se houvesse dois poderes supremos, haveria duas vontades, o que resultaria em um completo caos. Em nenhum lugar haveria ordem, simetria ou proporção.

Quando você pensa os pensamentos de Deus, o Seu poder está em sua mente. Você pode sintonizar com o Infinito. "No princípio, era a Palavra [o Verbo], e a Palavra estava com Deus. A Palavra era Deus." Ora, a palavra é um pensamento expresso, e, quando você descobrir o poder dos seus pensamentos, você descobrirá Deus, porque seu pensamento é o Criador, não porque lhe pertença, mas porque é assim que foi criado. Isso pode ser nitidamente demonstrado na hipnose. O terapeuta põe um dedo no pescoço do paciente e diz: "Esta é a ponta de um ferro em brasa"; forma-se uma bolha no local em que o dedo tocou. Portanto, os pensamentos tornam-se "carne", ou seja, manifestam-se, concretizam-se em sua vida. Por isso, é preciso ter um saudável respeito pelos seus pensamentos.

A água é um líquido; ela se expande quando congelada, vaporiza-se como efeito do calor e toma a forma do recipiente em que é derramada. Essas e outras características determinam os princípios que regem a água. Sua mente atua de maneira similar. Se pensar no bem, o bem virá; se pensar no mal, o mal

COMO DERROTAR DEFINITIVAMENTE O MEDO

virá. O mal é o uso errado da lei, a má interpretação da vida. Não existe um poder do mal. Existe um Único Poder, o poder do Espírito Vivo Todo-Poderoso, indiferenciado, indefinido, que é o Espírito Autogerador.

Seus pensamentos são criadores. Se você disser: "A Infinita Presença Curadora pode me curar agora", Ela responderá. A fé é uma atitude da mente. Diga, por exemplo: "A Infinita Inteligência me orienta e me guia, e me protege em todas as circunstâncias." Isso é fazer bom uso da mente. O medo é um pensamento criado por você mesmo, não tem realidade e não passa de uma sombra em sua mente.

Medo é a fé em algo errado, fé na ausência da proteção de Deus, o que é absurdo, distorcido e mórbido. O medo cria efeitos fisiológicos no organismo humano como se fosse real. Imagine pôr uma criança de castigo sentada em uma cadeira e dizer-lhe que, se sair de lá, um monstro grande e peludo entrará pela porta para enfiá-la em um saco e levá-la embora porque fez uma travessura. Ela empalidece, estremece, fica paralisada na cadeira e pode até urinar nas calças. Não há nenhuma realidade nessa ameaça, nem no pensamento que ela causa, mas seus efeitos sobre o organismo são evidentes.

Basil King, que escreveu *The Conquest of Fear*, conta que, quando jovem, estava ficando cego e enfrentava uma grande depressão. Temia o futuro, a cegueira e a velhice. Costumava pensar que a natureza era má e insensível, que o mal imperava no mundo. Tinha ideias muito erradas sobre Deus e acreditava estar sendo castigado por Ele. Durante uma viagem à França, lembrou-se das palavras de um professor do seu tempo de escola: "O Princípio Vital (Deus) que existe em você é indestrutível, invulnerável e eterno." Então, resolveu mudar de atitude e começou a pensar que o Princípio de Vida existente em seu interior tinha o poder de vencer qualquer obstáculo, tanto os naturais, como inundações, erupções vulcânicas, quanto os causados pelo ser humano, como disputas territoriais ou guerras sangrentas. Conscientizou-se de que o Princípio Vital é eterno e invulnerável, e de que ninguém é capaz de destruir a vida. Ela simplesmente é. O Princípio Vital dá pelos espessos para os animais das zonas frias e dá conchas a outros, para que se protejam dos predadores. Ele toma conta de todas as formas de vida e quer o seu progresso. Quando as primeiras criaturas saíram do mar para povoar a terra, Ele lhes deu pernas para que caminhassem e estrutura óssea para que ficassem eretas. Para outros, deu asas para que conquistassem os céus.

Quando nossos mais antigos ancestrais se viam diante de um tigre, eles ficavam paralisados de medo, sem saber o que fazer. Pouco a pouco, porém, surgiu a aurora da razão, da imaginação e da memória, e eles aprenderam a pensar. O Poder que os habitava respondeu aos seus pensamentos e, assim, eles evoluíram, até se tornarem a espécie dominante neste mundo.

Ao meditar sobre o Poder Interior, Basil King descobriu que o Princípio Natural, a vida ou natureza, não é cruel, e, quando se uniu a ele em pensamento, forças poderosas vieram em seu auxílio. Deixou de acreditar em um deus barbudo, vingativo, preocupado somente com o comportamento religioso e sexual dos seus filhos, sentado ao lado de duas outras entidades — um filho e um espírito. Percebeu que a verdadeira trindade é a constituída por mente, corpo e espírito. A mente, o pensamento de cada um, é o sacerdote, o intermediário entre o visível e o invisível, enquanto o espírito responde à natureza do seu pensamento.

A maioria das pessoas parece ter prendido a presença de Deus em uma caixa e só a deixa sair nos dias santos e em casos de mor-

COMO DERROTAR DEFINITIVAMENTE O MEDO

te, nascimento e casamento. Outros indivíduos têm até receio de usar a palavra "Deus". Outros ainda fazem um ar constrangido quando alguém fala Nele, porque só pensam em Deus em termos de crenças religiosas, e cada uma delas tem um conceito diferente sobre Ele. Deus é, na verdade, nossa mente, nosso espírito, nosso pensamento. Como o pensamento é criativo, devemos ter um saudável respeito por ele.

Pense em harmonia, paz, amor, ação correta e beleza. Pense em uma Infinita Presença Curadora. Pense no Eterno Amor o envolvendo. Pense em um círculo sagrado criado pelo Amor Infindável e imagine que você está dentro dele e que, por isso, nada de mal pode lhe acontecer. Você está saturado por Deus, imunizado contra tudo o que não vem Dele.

Foi pensando em tudo isso que Basil King descartou todas as conotações sentimentais associadas ao nome da Divindade e procurou se unir com a Infinita Inteligência. King descobriu que essa Inteligência Criativa era a resposta para qualquer tipo de problema: "Essa conscientização foi o início do processo de expulsar o medo, o qual estava me cegando e paralisando."

Ninguém consegue dominar o medo sem se convencer de que existe um Único Poder, uma Única Presença, Única Causa, Única Substância. Por isso, você deve enfiar na sua cabeça, de uma vez por todas, que, quando volta sua atenção para o que é externo, está negando a Única Presença e o Único Poder. Um pensador científico não dá permissão para que uma coisa criada seja maior do que o Criador, portanto, conscientize-se de que você nunca mais conferirá poder a qualquer pessoa, lugar ou coisa, condição ou circunstância, aos astros, a elementos da natureza, à água ou a qualquer outra coisa neste universo que possa feri-lo, magoá-lo ou abençoá-lo. Reconheça apenas que existe um Único Poder Criador, que é o espírito e a mente que habitam o âmago do seu ser. Ele é Todo-Poderoso. Não existe nada que possa se opor a Ele, que é a Causa Única, a Causa Suprema e a Onipotência.

Agora me diga: o que pode se opor à Onipotência? Você é capaz de mostrar, de me deixar conhecer? É óbvio que não. Isso não tem realidade, não passa de uma sombra em sua mente. O medo é um conglomerado de sombras sinistras que você mesmo cria.

Portanto, volte para a Única Presença e o Único Poder, o que só é possível quando você se recusa a acreditar que qualquer pessoa, lugar ou coisa, condição ou circunstância tem poder para feri-lo ou prejudicá-lo. Essa é a grande rejeição que lhe cabe fazer e da qual deriva um grandioso conjunto de afirmações:

Eu sou Deus e não existe outro Deus além de Mim. Desde o nascer até o pôr-do-sol, não há mais ninguém. Eu sou o Senhor, seu Deus. Você não dará Minha glória para outra deidade, não a louvará. Eu sou o Senhor, seu Deus, que o tirou da terra do Egito, da casa da servidão. Não existe outro Deus além de Mim. EU SOU, e nada mais.

E mais:

O Senhor é minha luz e salvação; quem mais poderei temer? O Senhor é a força da minha vida; de quem terei medo? Pois, na atribulação, Ele me esconderá em Seu santuário. No local mais secreto do Seu tabernáculo, Ele me abrigará. Ele me colocará sobre um rochedo — o rochedo da verdade — ontem, hoje e sempre.

Veja-se sobre esse rochedo. Você é a própria trindade, é o triângulo — espírito, mente e corpo. Você é esse ser superior e

COMO DERROTAR DEFINITIVAMENTE O MEDO

existe apenas um Único Poder, uma Única Presença, cuja fonte é o amor. O Princípio Vital vence todas as oposições e continua avançando, de conquista em conquista, de vitória em vitória. Dizem os sábios que nascemos para vencer e é a mais pura verdade. Como o Infinito que habita seu interior poderia fracassar? Pense nisso, medite sobre essa verdade.

Não procure elogios dos outros, não dependa de ninguém para obter sucesso e engrandecimento. Dirija o pensamento para o seu interior e tome consciência de que é você que se promove, porque o sucesso é seu, a harmonia é sua, a ação correta é sua e a beleza é sua. Quando você estabelece um modelo mental, nada, ninguém ou e nenhum poder do mundo podem impedi-lo de obter sucesso, reconhecimento e elevação, porque o Infinito não conhece o fracasso. Sendo um ser espiritual, você é uno com Ele. Não deseje sobre os outros, mas ter domínio sobre seus próprios pensamentos, emoções, ações e reações.

Muitos acreditam em entidades malignas que teriam o poder de prejudicá-los. Outros acreditam em um inferno, em um caldeirão de óleo fervente no qual expiarão seus pecados depois da morte. De fato, todas essas ideias são uma absoluta tolice. Como alguém pode crer em um bom futuro, se vive pensando em tormentos presentes ou eternos?

Jamais pense que Deus é cruel e o está castigando devido a atos ou pensamentos maus, que Ele criou um inferno para Seus filhos porque eles agiram erradamente quando não encontraram meios de evitar certas atitudes. Todos os seres precisam errar porque esse é o único meio que lhes permite aprender, crescer, evoluir e expandir. É impossível para qualquer pessoa expulsar o medo de sua vida quando desde criança foi doutrinada em um clima de temor profundo do futuro e do que irá encontrar depois da morte por ter aprendido que Deus é cruel e vingativo. Para expulsar o medo anormal de sua vida, você tem de se voltar para a verdade fundamental: existe um Único Poder, e Ele é só amor, paz e harmonia. Sintonize com essa verdade e o medo desaparecerá.

Quando nos deixamos envolver pelo medo ou nos entregamos aos pensamentos negativos, emitimos vibrações negativas. Ao contrário, quando meditamos sobre as grandes verdades espirituais, afirmando, por exemplo, "O Senhor é meu pastor e nada me faltará", ou "A presença de Deus está bem aqui, onde eu estou", ou, ainda, "Eu moro no esconderijo do Altíssimo e Deus me protege com suas asas de bondade", estamos vibrando em um nível mais alto da frequência espiritual, que põe fim às vibrações negativas e, portanto, no mal. Afinal, o mal é uma falsa crença sobre Deus e sobre a bondade infinita do Eterno.

Você tem a capacidade de destruir e neutralizar o medo pela simples mudança do modo de pensar. O medo deprime, reprime, estrangula e pode transformar uma atitude mental positiva e criativa em uma atitude negativa e não produtiva, capaz de prejudicar qualquer tentativa de evolução. O efeito do medo, principalmente quando ele se tornou um pensamento habitual, é simplesmente secar a fonte da vida. A fé, que substitui o medo, tem o efeito diametralmente oposto sobre o cérebro e o corpo, porque energiza e revigora as células e tecidos orgânicos, ampliando o poder mental.

O medo cria o caos na imaginação, que passa a gerar quadros de situações assustadoras. A fé é o antídoto perfeito porque, enquanto o temor só se volta para as trevas e a escuridão, a fé vê o Sol por trás das nuvens. O medo olha para baixo e espera o pior; a fé olha para cima e antecipa o melhor. O medo é pessimista; a fé é otimista. O medo sempre prevê o fracasso; a fé prevê o sucesso. Não pode existir medo de fracasso ou de pobreza quando a mente está dominada pela fé. A dúvida não ocorre em sua presença, porque a fé está acima de toda adversidade.

Uma fé poderosa prolonga a vida, porque não abre caminho para a aflição. Ela vê além dos aborrecimentos temporários, da discórdia e das atribulações e sabe que tudo ficará bem, porque vê a meta que o olho humano não é capaz de divisar.

Você pode e deve expulsar o medo de sua vida. Afirme com sentimento:

Tenho absoluta confiança na presença de Deus dentro de mim. Espero sempre o melhor e sei que só o bem pode vir a mim. O Amor Divino que habita em mim expulsa o medo e me deixa em paz. Vejo a presença de Deus em todos os lugares e, por isso, não sinto medo de nada. Deus está sempre comigo; Ele me criou, me sustenta e deseja meu progresso e minha evolução. Ele me ama e me protege e, se Deus está comigo, nada é contra mim. Sei que, quando sou uno com Deus, constituímos uma maioria absoluta, que me cura e me liberta de qualquer sentimento de medo. Só abro espaço em minha mente para os pensamentos de Deus, que continuamente me trazem harmonia, alegria, paz e sucesso. Estou envolvido pelo Amor Divino, e ele me faz tomar a atitude certa em todas as ocasiões. O amor, a vida e a verdade de Deus estão fluindo através de mim agora mesmo. Estou imerso na Sagrada Onipresença, mergulhado no infinito oceano da paz. Agora, estou cheio da compreensão divina e sei que o Divino Amor vai sempre à minha frente, hoje e em todos os dias de minha vida, aplainando meu caminho, facilitando e iluminando minha jornada neste mundo.

Fazendo essa meditação, você envia os mensageiros da paz, do amor, da harmonia, da ação correta e da beleza para o interior da sua mente subconsciente, e ela se abre a eles. Com o estabelecimento desse hábito, o bem ficará firmemente gravado nela, e você descobrirá que todos os caminhos são agradáveis e plenos de paz.

Deus é seu Pai e lhe dá Seu reino com prazer. O reino de Deus está dentro de você, e toda Sua glória o envolve e ilumina. Basta abrir seu coração para que a Divina Presença passe a orientá-lo para representar e expressar as ideias de Deus.

Portanto, afirme com absoluta convicção:

As ideias de Deus desabrocham como flores perfumadas dentro de mim, trazendo-me harmonia, saúde, paz e alegria. Não temerei o mal porque Tu estás comigo. Teu bastão e Teu cajado me protegem. Sei que a bondade e a misericórdia me acompanham em todos os dias da minha vida, pois habito eternamente na casa do Senhor. Moro no esconderijo do Altíssimo e descanso sob a sombra do Senhor. Direi do Senhor: Ele é meu refúgio, minha fortaleza. Nele, eu confio. Ele me cobre com Suas penas, e descansarei sob Suas asas. A verdade de Deus é meu escudo e armadura; Seus anjos estão constantemente cuidando de mim e me protegendo dos percalços do caminho, pois Deus é amor e só deseja o meu bem.

Resumo do capítulo

- O medo é como um gás venenoso que invade o ar que respiramos, causando asfixia mental, moral e espiritual, e até

COMO DERROTAR DEFINITIVAMENTE O MEDO

a morte — morte da energia, das células, dos tecidos e órgãos, morte de todo o progresso.

- O medo e a preocupação nos fazem atrair o que mais tememos. O medo habitual prejudica a saúde, paralisa a eficiência e encurta a vida. Dúvida e medo trazem o fracasso. A fé é otimista; o medo é pessimista.
- Não se deixe sujeitar pelos pensamentos dos outros. Tenha um respeito saudável e reverente pelos seus próprios pensamentos, porque seu pensamento é sua prece. O que você sente, atrai; você se torna o que imagina.
- São seus próprios pensamentos que o governam, por isso, fique bem firme e diga: "Sou uno com o Infinito, que está deitado em sorridente repouso dentro de mim."
- Pessoas medrosas são egoístas e vivem voltadas para si mesmas. O amor sempre se irradia para fora; é uma emanação. O medo é se voltar para dentro em introspecção mórbida, na crença de que alguém pode feri-lo, magoá-lo, de que um espírito mau será capaz de possuí-lo. Tudo isso é pura ignorância. A ignorância é o único "demônio" que existe, e qualquer tipo de suposto castigo é uma consequência da ignorância.
- Conscientize-se de que o medo é um pensamento que você mesmo criou. Ele é apenas uma sombra sem realidade. O medo é a fé na ideia errada, um conceito distorcido e mórbido da vida, de Deus.
- Deus é o Princípio Vital. A trindade é formada por espírito, mente e corpo, ou espírito, mente e função, porque é preciso um corpo para expressar os pensamentos. A mente é o sacerdote, o intermediário entre o visível e o invisível.
- Todos os seres humanos precisam errar, porque, por meio dos erros, nós aprendemos, crescemos e nos desenvolvemos.

AUMENTE O PODER DO SEU SUBCONSCIENTE
PARA VENCER O MEDO E A ANSIEDADE

É praticamente impossível alguém expulsar o medo de sua vida se, desde pequeno, foi doutrinado em um clima de medo do futuro e da vida depois da morte, se lhe foi ensinado que Deus é insensível e vingativo. Não existe um deus do medo. Deus é amor.

• Para ser capaz de expulsar o medo, você tem de se voltar para a verdade fundamental de que existe um Único Poder. O Senhor, seu Deus, é um só. Não existe outro poder além Dele, que é todo amor, todo paz e todo harmonia. Sintonize com Ele e seu medo ira embora.

74

CAPÍTULO 4
O poder curativo do amor

Existe apenas um Único Amor, e ele é puro, perfeito, abundante e generoso; jamais muda, vacila ou enfraquece. Esse Único Amor é Deus. Nós amamos porque, primeiramente, Deus nos amou. Deus é a fonte do amor. O amor liberta e compreende, é o Espírito de Deus. Praticamos o amor quando emanamos boa vontade, quando desejamos, a cada pessoa deste mundo, o que desejamos a nós mesmos, como saúde, amor, felicidade, paz e bênçãos sem fim.

Quando você emana amor, cria amor para você mesmo, porque, antes de irradiá-lo para os outros, teve de pensar nele e senti-lo. Como eu já disse tantas e tantas vezes, tudo o que pensamos e sentimos se concretiza em nossa vida, em nosso corpo e em nossas circunstâncias, porque temos dentro de nós o poder de criar. Esse poder é o Onipotente Princípio Vital, que vence tudo o que pretende ser contra ele, que tudo conquista e que é eternamente vitorioso.

Essa é a verdade fundamental de diversas religiões que surgiram no mundo ao longo dos milênios. A percepção elevada e expandida da existência de uma presença suprema, inteligente e amorosa foi transmitida e reiterada por inúmeros líderes espirituais conhecidos. Eles afirmaram que, como o Sol, que brilha igualmente sobre ricos e pobres, fortes e fracos, inteligentes e ignorantes, santos e pecadores, o amor absoluto de Deus resplandece no interior de cada ser humano e se irradia Dele.

AUMENTE O PODER DO SEU SUBCONSCIENTE
PARA VENCER O MEDO E A ANSIEDADE

Ninguém está excluído do amor de Deus, que é onipresente, onisciente e tudo abrange; ninguém se perde, é esquecido ou negligenciado pelo Divino Amor. Qualquer criatura que começar a viver consciente da presença do Amor Absoluto, do Amor Sagrado, que recorrer a Ele pedindo ajuda, receberá uma resposta explícita, não importa quem seja ou onde esteja, por pior que possa ser a situação em que se encontra. Essa resposta chega como uma sensação de leveza e iluminação, com a percepção da existência de um poder mais elevado que tudo pode curar e restaurar.

Você deve ter um respeito sadio, reverente e total pela Divindade que está dentro do seu ser, que molda sua vida diária e seu futuro. A Bíblia nos diz: "Ama teu próximo como a ti mesmo", e o próximo, nesse sentido, é o seu eu superior, o Poder Vivo Todo-Poderoso que habita as profundezas da sua mente, porque nada nem ninguém tem mais proximidade com você do que Ele.

A Bíblia nos manda amar a Deus e reconhecer Sua eterna presença, oferecendo-lhe devoção e lealdade. Portanto, pelo seu eu superior, ponha Deus em primeiro lugar em sua vida, e você respeitará automaticamente a Divindade que está dentro de todos os seres humanos. Não estou falando em egoísmo, egocentrismo, autoengrandecimento ou narcisismo, mas sim em reconhecimento da presença de Deus em seu interior. Se você não honrá-la ou louvá-la, não poderá honrá-la e louvá-la em seu pai, mãe, marido, esposa, filho, filha ou qualquer outra pessoa.

Alguns indivíduos não têm muita certeza do significado da palavra "amor" na Bíblia e em outros escritos religiosos. Ensinam-nos a "amar" a todos, bons ou maus. Entretanto, "amor", no sentido bíblico, é perceber a presença de Deus em todos os lugares, em todas as coisas, em todos os seres humanos, bons ou maus, vendo-os como a Energia Vital que move o universo.

76

O PODER CURATIVO DO AMOR

Pensemos no "amor" e elevemos nossa mente acima do sentido mais comum que o mundo dá a ele, para entendermos o que é o Amor Divino. Ele é a pura essência de ser, que nos une e entrelaça em harmonia com o universo e tudo o que existe nele. O amor envolve o justo e o injusto, porque também é compaixão e misericórdia. Nem sempre nossas tentativas de praticar o Amor Divino são eficazes ou duradouras, o que é compreensível, pois estamos longe de ser perfeitos. Entretanto, nada nos impede de assumir o compromisso de viver de acordo com a regra de ouro, "Ama o próximo como a ti mesmo", e com as outras leis mentais e divinas. Como disse Emerson: "Eu, o imperfeito, amo o Perfeito."

Murray L. era um executivo bem-sucedido, respeitado pelos seus pares e admirado pelos seus funcionários, clientes e pelos membros da sua comunidade. Um dia, veio falar comigo muito nervoso.

"Fui escolhido como 'Homem do Ano' pela Câmara de Comércio. É uma grande honra, de fato, mas vou ter de fazer um discurso no dia da premiação e tenho verdadeiro pavor de falar em público. Por favor, me ajude."

Eu o aconselhei a encontrar um lugar tranquilo onde pudesse se recolher três ou quatro vezes por dia, sem ser perturbado. Deveria sentar-se em uma poltrona confortável e procurar relaxar o corpo o máximo possível. Expliquei que essa imobilidade faria sua mente ficar mais receptiva às afirmações positivas. Em seguida, deveria dizer as seguintes palavras em voz alta:

Estou completamente relaxado e à vontade. Estou equilibrado e sereno. No dia da premiação, estarei calmo e concentrado e farei um excelente discurso. Transmitirei minha mensagem com confiança e nitidez. A plateia será simpática e receptiva e gostará do meu discurso. Serei bem-sucedido porque Deus está dentro de mim e me dá a força e a coragem de que preciso. Minha mensagem é a mensagem de Deus. Serei cumprimentado por todos os presentes. Em minha mente, estou em perfeita paz.

Murray repetiu as afirmações várias vezes ao dia antes da sua apresentação. Depois, contou-me que, ao subir à tribuna e encarar sua plateia, sentia-se tranquilo e confiante. Expressou-se com grande facilidade e recebeu uma verdadeira ovação dos presentes.

É preciso nos unirmos mental e emocionalmente com a honestidade, a integridade, a justiça, a benevolência e a felicidade ao amamos Deus, porque Deus é tudo o que é bom. Amamos Deus quando nos deixamos fascinar, absorver e cativar pela grandiosa verdade segundo a qual Ele é único e indivisível. Amar a Deus é dedicar nossa aliança, devoção e lealdade ao Único Poder, recusando-nos a reconhecer qualquer outro poder no universo. Quando reconhecermos e aceitarmos definitivamente em nossa mente que Deus, de fato, é o Onipotente, seremos guiados automaticamente para o bem.

Habitue-se a sentar-se confortavelmente algumas vezes por dia para pensar na mais vital, interessante, fascinante e na maior de todas as verdades: Deus é o Único Poder e tudo o que podemos conhecer neste mundo é parte da Sua autoexpressão.

Uma jovem mãe veio me procurar depois de uma de minhas palestras e contou que tinha medo de estar traumatizando seus filhos.

"Tenho um temperamento difícil. Fico irritada diante das menores faltas das crianças. Começo a gritar e chego até a bater nelas. Elas morrem de medo de mim e eu vivo apavorada com a ideia de um dia machucá-las de verdade."

Expliquei:

"Você precisa limpar seu subconsciente. Tem de expulsar a raiva. Não é fácil, porque ela deve ter sido inculcada em sua mente

O PODER CURATIVO DO AMOR

quando você era criança por seus pais, professores ou outras figuras de autoridade. Quando seus filhos não estiverem em casa, vá para um canto tranquilo da casa e faça a meditação que vou lhe dar." Pedi para que repetisse muitas vezes estas afirmações:

O amor de Deus enche minha alma. Deus está comigo agora. Ele está me libertando dos pensamentos de raiva que foram inseridos em minha mente. Meus filhos são crianças boas, que merecem ser amadas e não castigadas. O Divino Amor flui dentro de mim e se irradia para eles. O amor que Deus tem por mim me ajuda a controlar meu temperamento e está impregnado em meu subconsciente, expulsando o que é ruim para que meus atos possam ser um reflexo fiel desse amor.

Não demorou muito. O poder de Deus cativou a imaginação da moça e penetrou fundo no seu ser. Ela se encantou com a ideia de ser uma mãe amorosa, e esse amor a fez persistir nos seus esforços para controlar as explosões de raiva. Logo, os sentimentos de raiva foram desaparecendo, porque o amor e a raiva são emoções que não convivem.

Deus é o amor absoluto, e Seu amor flui através de nós continuamente. Só temos de nos ligar a Ele para ficarmos envolvidos pela paz divina. Tudo corre bem para quem deixa o amor de Deus permear a sua mente. Faça várias meditações todos os dias, afirmando com vontade:

O Amor Divino me cerca, envolve-me e permeia-me. Esse Infinito Amor está gravado em minha mente e inscrito em todos os meus órgãos. Eu irradio amor em meus pensamentos, palavras e atos. O amor une e harmoniza todos os poderes, atributos e qualidades do Deus que vive em mim.

Amor é sinônimo de alegria, paz, liberdade, bem-aventurança e louvor. O amor é liberdade — abre as portas das prisões emocionais e liberta todos os cativos. Cada ser humano é um exemplo do Amor Divino em ação e, por isso, devemos sempre saudar a Divindade que está presente no outro. Também é bom adquirirmos o hábito de dizer mentalmente ou em voz alta, ao entrarmos em algum lugar, "Que a paz esteja nesta casa". Esses atos fortalecem a crença de que o amor, a luz e a glória de Deus estão sempre nos envolvendo.

Para gravar as verdades divinas em sua mente, repita diariamente, com fervor:

> Minha mente está inundada pela vida, pelo amor e pela verdade de Deus. Quando minha atenção se desvia das verdades, faço-a voltar para a contemplação da Divina Presença. Entro na câmara mais secreta do meu ser — a minha mente —, na qual posso conversar e andar com Deus. É aqui que encontro a paz, porque estou no reino dos céus e, por isso, sinto-me perfeitamente calmo, equilibrado e sereno. Eu vivo na casa do Senhor, meu Deus, habito o Seu reino e posso sentir e vivenciar o clima de paz, amor e alegria que nele existe. Procuro apenas o bem. Sei que eu e meu Pai somos um só e sinto nitidamente a realidade dessa afirmação. Sua vida flui dentro de mim. Sei que, neste paraíso em que vivo, todas as minhas preces e meus clamores são atendidos. Deus é a Única Presença e o Único Poder no aqui e agora da minha vida, e tudo o mais não passa de sombras. O amor, a vida e a verdade de Deus estão se movimentando no fundo do meu coração.

Pensamentos de medo e preocupação e qualquer outra ideia negativa não lhe causarão mágoa ou males se você não lhes der abrigo por um longo período de tempo nem envolvê-los em

O PODER CURATIVO DO AMOR

profunda emoção. Em nossa vida cotidiana, muitas vezes nos preocupamos com certas coisas e sentimos medo, mas essas ideias não se materializam porque, para se tornarem realidade, teriam de ser constantemente repetidas e emocionalmente abrigadas de modo a ficar impressas na mente subconsciente. Lembre-se de que tudo o que fica profundamente gravado no subconsciente acaba se expressando na tela do espaço.

Você habita o esconderijo do Altíssimo porque sua mente é, de fato, um lugar secreto, e nenhuma criatura tem o poder de saber o que você está pensando ou planejando. Por isso, *você* é responsável pela limpeza do seu subconsciente, e precisa higienizá-lo com pensamentos belos, verdadeiros, justos e puros. Você é o que pensa o dia inteiro, porque são seus pensamentos que determinam o que acontece em sua vida, quem você é, como será no futuro e todas as suas experiências. Pense em virtudes e sua existência será abençoada, afinal, "(...) debaixo de Suas asas estará seguro; a Sua verdade é seu escudo e armadura".

Resumo do capítulo

- Existe um Único Amor. Ele é puro, perfeito, intocável, aprovador, abundante e generoso. Jamais muda, vacila ou termina. Esse amor é Deus. Nós amamos porque primeiro Deus nos amou. Deus é a fonte do amor.
- O amor de Deus responde aos clamores de toda a humanidade e é percebido como uma onda de emoção, que liberta o coração e o torna mais leve. Essa percepção mais elevada nos traz a cura e devolve-nos a plenitude.

- O amor, no sentido divino, é um ato de compaixão e misericórdia, e todas as nossas tentativas de praticar o Amor Divino têm algum grau de eficácia. Não somos perfeitos, obviamente, mas podemos e devemos assumir o compromisso de praticar a regra de ouro e viver de acordo com a lei do amor.
- Amar a Deus é fazer aliança com o Único Poder e dedicar-Lhe toda a nossa devoção e lealdade, recusando-nos a reconhecer a existência de qualquer outro poder no mundo. Quando reconhecemos e aceitamos em nossa mente que Deus é, de fato, o Onipotente e está sempre presente dentro de nós, amamo-Lo sobre todas as coisas, sendo leais ao Único Poder.
- A fé é uma atitude da mente, um modo de pensar. Você tem fé quando sabe com absoluta certeza que, se criar uma imagem de realização de algo realmente extraordinário e sustentá-la com expectativa e confiança, seu subconsciente a transformará em realidade.
- Se você quiser combater o medo, terá de se voltar à verdade de que existe um Único Poder e uma Única Fonte de amor. Quem sintoniza com essa ideia não tem medo nem preocupação. Nada é capaz de desafiar ou distorcer esse Único Poder, nem de se opor a Ele. Ele é o Princípio Vital, o Onipotente, o Todo-Poderoso, e tudo vence.
- O amor, a luz e a glória de Deus estão constantemente nos envolvendo. A Divina Presença nos governa e orienta. Louve-A nos outros seres humanos e deseje sempre a paz ao entrar em qualquer ambiente. É maravilhoso representar e expressar as ideias de Deus. Por isso, afirme com energia: "As ideias de Deus desabrocham dentro de mim, trazendo-me harmonia, saúde, paz e alegria."

CAPÍTULO 5
O significado mais profundo do Salmo 23

O Senhor é o meu pastor, nada me faltará.

Deitar-me faz em verdes pastos, guia-me mansamente a águas tranquilas.

Refrigera a minha alma; guia-me pelas veredas da justiça, por amor do Seu nome.

Ainda que eu andasse pelo vale da sombra da morte, não temeria mal algum, porque Tu estás comigo; a Tua vara e o Teu cajado me consolam.

Preparas uma mesa perante mim na presença dos meus inimigos, unges a minha cabeça com óleo, o meu cálice transborda.

Certamente que a bondade e a misericórdia me seguirão todos os dias da minha vida; e habitarei a casa do Senhor por longos dias.

Esse é o Salmo 23, provavelmente o mais lido, repetido e citado da Bíblia. Muitas pessoas, de todas as religiões, meditam sobre essas grandiosas verdades e colhem resultados excelentes. Se você focalizar sua atenção nessas palavras, absorvendo-as para que se internalizem na sua mentalidade, estará meditando no seu sentido real e aproximando-se cada vez mais da sua própria divindade, da Divina Presença que habita o âmago de todas as pessoas.

É a meditação que determina nosso destino, porque nossos pensamentos e nossas emoções criam e controlam nosso destino.

Meditar é um ato tão natural e real como a respiração, a digestão e a assimilação.

Quando eu estava em Las Vegas, nos Estados Unidos, trouxeram uma senhora para se consultar comigo. Ela perdera a voz devido a um choque emocional e os médicos garantiam que não havia uma causa física que explicasse a mudez. Eu a aconselhei a praticar o que chamo de "verdadeira meditação".

Como fui informado de que seu filho voltaria do Vietnã dentro de algumas semanas, pedi que se acomodasse em um lugar tranquilo, respirasse fundo várias vezes e imaginasse que o estava recebendo de braços abertos, com uma alegria imensa, e dizendo-lhe tudo o que uma mãe costuma falar nessas ocasiões. Deveria repetir esse filme mental pequeno por cerca de dez minutos, duas ou três vezes ao dia. Agindo dessa maneira, ela passou a concentrar sua atenção em um objetivo, uma meta definida.

No final de duas semanas, seu filho voltou da guerra, bateu na porta de casa e foi recebido com alegria enorme por ela, que começou a falar naturalmente. Isso foi resultado de uma verdadeira meditação, porque a mulher focalizou seu interesse e sua atenção no fato de estar abraçando o filho e falando com ele.

"O Senhor é o meu pastor." "Senhor" significa Deus, o Espírito Vivo Todo-Poderoso. Você deve se conscientizar de que Seu poder, de que essa Infinita Presença estão em seu interior. O Divino Poder cuida de você como um pastor cuida de suas ovelhas e faz parte de Sua natureza atender seus pedidos e clamores.

"Nada me faltará." Isso significa que, ao escolher Deus como seu pastor, você se entrega aos Seus cuidados amorosos. O pastor cuida dos seus animais mesmo durante o sono, examina cuidadosamente o campo em que eles pastam e arranca as ervas daninhas que poderão lhes causar malefícios. Leva-os para a sombra e os conduz

O SIGNIFICADO MAIS PROFUNDO DO SALMO 23

em fila para descerem a ravina até alcançarem uma lagoa, onde irão beber água e se refrescar. À noite, reúne-os perto da fogueira para verificar se há algum espinho machucando seus focinhos, e, se os encontra, arranca-os e limpa o ferimento com óleo calmante. Examina com toda a atenção os seus cascos e toma as medidas necessárias para que estejam sempre íntegros. Um pastor ama suas ovelhas, e elas respondem aos seus cuidados com carinho.

Usei uma metáfora, é nítido, para explicar como Deus, o Espírito Vivo, toma conta de nós. Nada do que é bom nos faltará se escolhermos a Suprema Inteligência como guia e conselheira. As ovelhas também podem ser vistas como as ideias nobres, dignas de Deus, que abrigamos em nossa mente. "Chamamos cada ovelha pelo nome" quando examinamos nossos desejos e os sustentamos para se cristalizarem dentro de nós e, quando possível, tornarem-se manifestados. Esses pensamentos não se deixarão guiar por desconhecidos e até mesmo fugirão deles, porque não conhecem a sua voz. Os estranhos são os pensamentos de medo, dúvida, condenação, ciúme, inveja ou ansiedade que invadem a nossa mente.

Se há, por exemplo, 20 mil ovelhas em um redil e dez pastores para cuidar delas, na hora de soltá-las para conduzi-las ao pasto, cada pastor só precisa dizer "Aqui, comigo", e os animais que ficam aos seus cuidados o seguem sem hesitar. Se um desconhecido chegar e usar as mesmas palavras, não haverá nenhuma reação das ovelhas. Isso significa que você, quando deseja alguma coisa, deve se ligar com o Todo-Poderoso, com a Divina Presença que habita o seu interior, que é seu verdadeiro pastor.

Nossa conscientização é a soma total de nossas crenças e aceitações, tanto conscientes quanto subconscientes. Esse estado de conscientização é o modo como pensamos, sentimos e acreditamos e reflete para quem ou para que damos permissão de entrada em

AUMENTE O PODER DO SEU SUBCONSCIENTE
PARA VENCER O MEDO E A ANSIEDADE

nossa mente. Quando você descobrir essa verdade, descobrirá Deus em seu interior. Ele é a Única Presença, o Único Poder, a Única Causa e a Única Substância que existe em seu mundo.

Antes de recebermos uma resposta às nossas preces, precisamos estabelecer o equivalente mental de cada desejo, que é o modelo que ele deverá assumir quando se concretizar. Fazemos isso ao pensar no que queremos com interesse e emoção, criando um quadro mental positivo e dedicando-lhe o máximo de nossa atenção. A repetição regular e constante desse equivalente mental o fará se aprofundar no nosso subconsciente, no qual se tornará uma convicção. Em outras palavras, qualquer desejo tem de ser depositado na mente subconsciente antes de poder ser realizado, tem de fazer parte do nosso ser antes de se materializar.

Os hebreus antigos diziam: "Ser é ter." Quem tenta obter o que deseja por meios externos, sem investir em uma interiorização, está agindo como um ladrão, porque é nosso próprio modo de pensar, sentir e acreditar que cria os acontecimentos de nossa vida.

Digamos que você deseje ser curado de uma doença e recorra às afirmações positivas, dizendo frequentemente: "Estou curado." Essas repetições mecânicas não serão suficientes e não trarão o resultado desejado. Para isso, teriam de ser acompanhadas da sensação de alegria diante de uma cura já realizada e da certeza de que existe um Espírito Vital que o criou, partindo de uma célula pequenina. Essa Infinita Presença conhece todos os processos e funções do seu organismo e sabe o que precisa ser estimulado em seus órgãos, tecidos e células para que sejam totalmente restaurados. Ela tanto é capaz de cicatrizar um corte ou queimadura na sua mão quanto de reativar seu complexo sistema imunológico para lhe devolver a integridade física.

O SIGNIFICADO MAIS PROFUNDO DO SALMO 23

Para ser rico, por exemplo, você tem de primeiramente criar em seu interior a sensação de que é uma pessoa próspera e tomar consciência de que Deus, o Espírito que mora em seu coração, é a Fonte Original de tudo o que existe neste universo, da qual veio o sapato que você usa, o chão em que pisa, o ar que respira, o pão em sua mesa, seus cabelos, suas unhas, a luz solar, as estrelas e os planetas. Então, com base em seu conhecimento, percepção, emoção e compreensão, a riqueza virá em abundância, porque nada, absolutamente nada, pode faltar aos filhos do Altíssimo.

Quando você tem a sensação de já ser o que deseja e crê na existência de um Poder Infinito que lhe dá todo o apoio necessário e se movimenta em seu benefício, o seu ideal não demora a se concretizar, e a luz eterna continua iluminando seus caminhos. Entretanto, é inútil orar pedindo à Infinita Presença Curadora que restaure sua saúde se, ao mesmo tempo, você estiver abrigando ressentimentos ou duvidando da possibilidade de ser curado. Assim, alguém que acredita que circunstâncias, condições, idade, raça, falta de dinheiro e muitas outras coisas podem prejudicar a possibilidade de atingir seu objetivo, está roubando de si próprio a alegria de ver a prece atendida. Nada é capaz de se opor ao Infinito, e foi o Infinito que lhe deu o desejo de cura e lhe revelará o plano perfeito para ela ocorrer dentro da Divina Lei e da Divina Ordem.

Todavia, a semente que você planta no solo da sua mente tem de obedecer a seus próprios princípios e leis para germinar. A semente de maçã dá origem a uma macieira, mas ela precisa ser depositada em solo fértil e receber cuidados constantes para que não lhe falte luz solar e água. A semente pode ser uma invenção, um livro, uma carreira, o desejo de ser melhor do que se é agora, e você terá de alimentá-la com a crença de que ela já germinou e se tornou realidade, porque Deus está eternamente presente no seu interior, pronto para atender seus pedidos aqui mesmo, nesta vida.

87

AUMENTE O PODER DO SEU SUBCONSCIENTE
PARA VENCER O MEDO E A ANSIEDADE

Eu gostaria de falar mais demoradamente sobre a meditação. Segundo dicionários, meditação é a prática de pensar profundamente, em silêncio, especialmente por razões religiosas ou com o objetivo de acalmar a mente. Todos os seres humanos meditam, consciente ou inconscientemente. Nas civilizações orientais, a meditação consciente é uma prática milenar; na Índia, por exemplo, o mestre ou guru dá uma palavra ao discípulo, que deve ser repetida sem parar para facilitar a concentração.

Em tempos recentes, o hábito da meditação disseminou-se pelo mundo e começou a ser recomendado por médicos, psicólogos e terapeutas para melhorar a qualidade de vida dos indivíduos. Várias pessoas gostam de usar palavras do sânscrito, como *ohm*, *ayim* ou *sharim*, mas a grande maioria dos meus leitores afirma preferir termos que lhes sejam mais significativos, como "insight", "paz", "Eu Sou" ou "Amor Divino" para facilitar a prática da meditação. Devo lembrar que qualquer palavra ou frase repetida com continuidade promove a concentração dos pensamentos e, por incrível que possa parecer, ficar dizendo "batata frita" sem parar também ajudará a aquietar a mente para entrar em um estado de relaxamento que causará alívio das tensões, diminuição da pressão sanguínea etc. Entretanto, frases como essa não o ajudarão a crescer em termos espirituais. Esse desenvolvimento é atingido com a repetição de afirmações como "O Amor Divino enche a minha alma", "A paz de Deus reina na minha alma" ou "Deus vive dentro de mim", porque, ao se concentrar, o ideal é que se saiba o que se está fazendo. Repetir uma palavra qualquer, sem dar atenção ao seu sentido, não trará uma elevação espiritual.

Infelizmente, algumas pessoas meditam sobre coisas e situações negativas, como perdas financeiras, pane no carro em uma estrada deserta, doença ou más decisões tomadas. Embora possa ser uma

O SIGNIFICADO MAIS PROFUNDO DO SALMO 23

meditação inconsciente, ela é negativa e, como o indivíduo está dando toda a sua atenção e devoção a pensamentos desse tipo, eles serão aumentados pelas emoções e mergulharão na mente subconsciente. Mais cedo ou mais tarde, se tornarão realidade na sua vida.

Medite sempre sobre coisas, pessoas e situações verdadeiras, belas, nobres e dignas do pensamento de Deus. Uma vez, perguntaram ao físico inglês Isaac Newton como ele conseguia fazer descobertas tão importantes sobre o funcionamento do universo, e a resposta foi: "Eu dirijo a atenção de minha mente para um determinado objetivo." Em outras palavras, ele concentrava seus pensamentos em uma solução, uma saída, um final feliz.

Eu já disse muitas vezes que a meditação tem o propósito de redirecionar sua mente para seguir os caminhos de Deus, permitindo que a Divina Lei e a Divina Ordem governem suas atividades em todas as fases de sua existência. Não existe nada de misterioso na meditação — de uma forma ou de outra, estamos sempre meditando, embora nem sempre de maneira construtiva.

O dramaturgo inglês William Shakespeare escreveu: "Todas as coisas estão prontas, se a mente está pronta." O livro do Gênesis diz que Deus descansou no sétimo dia desde o início da criação do mundo porque completou todas as suas obras, o que significa que, ao chegarmos a este mundo, todas as maravilhas da natureza já estavam feitas e encontravam-se à nossa disposição. Por isso, temos de abrir nossas mentes e corações para aceitarmos as dádivas de Deus e sermos infinitamente gratos, por exemplo, pela luz do Sol, pela água e pelo ar que respiramos. Podemos tirar uma caneca de água de oceanos, rios e lagos — ou um balde, e até um barril —, mas a quantidade de água existente no planeta será a mesma, porque foi criada na medida adequada para os filhos do Senhor.

AUMENTE O PODER DO SEU SUBCONSCIENTE
PARA VENCER O MEDO E A ANSIEDADE

Eu costumo ensinar que devemos reorganizar nossa mente e fazer a nós mesmos uma pergunta simples, que mudará todo o nosso modo de pensar: "Como é a vida em Deus e no paraíso?" A resposta também é simples: o paraíso é a Infinita Inteligência na qual vivemos, movimentamo-nos e atuamos no mundo. Deus é Espírito, e esse Espírito está dentro de cada um de nós, pronto para atender nossos pedidos e nos dar harmonia, amor, alegria, paz, perfeição e toda a indescritível beleza que existe em nosso planeta.

Por que esperar pelo amor? O amor já está em seu coração. Basta afirmar "O amor de Deus enche a minha alma" e isso se torna realidade. Por que esperar pela paz? "A paz de Deus enche a minha alma." A alegria do Senhor já está dentro da sua mente subconsciente e lhe dá forças para abrir seu caminho no mundo. A harmonia de Deus está em sua mente e no funcionamento do seu corpo. Deus é a Absoluta Harmonia. O poder do Altíssimo existe dentro de você e é eterno e infinito.

Deus tem todas as respostas e tudo o que você possa vir a desejar ou precisar já está pronto e à sua espera. Então, por que esperar? Se você diz "Um dia serei feliz", esperando que alguma coisa que existe no mundo lhe traga felicidade, ficará muito decepcionado, porque é você mesmo que cria sua felicidade. Experimente agir de outra maneira. Por exemplo, se está precisando de uma orientação sobre o rumo que deve tomar em sua vida, afirme:

A Infinita Inteligência sabe a resposta, o caminho que devo tomar. Antes mesmo de colocar meu pedido em palavras, peço o auxílio da Suprema Sabedoria, porque sei que faz parte da Sua natureza responder aos meus anseios. Eu reconhecerei imediatamente a resposta quando ela chegar à minha mente racional — sob a forma de uma intuição, de um desejo ou de um impulso. É impossível para eu ignorá-la quando ela surgir.

O SIGNIFICADO MAIS PROFUNDO DO SALMO 23

Depois de repetir muitas vezes essas afirmações, afaste-as do seu pensamento na certeza de que seu pedido foi entregue à Infinita Inteligência que habita o seu subconsciente e de que a resposta virá, inevitavelmente. Você saberá quando essa entrega acontecer, pois sua mente racional estará em paz e não tentará negar o que já foi afirmado e decretado.

"Deitar-me faz em verdes pastos." Estou escrevendo este capítulo do livro na cidade de Laguna Beach, na Califórnia. Ontem, recebi uma carta de uma mulher do Havaí contando que meditou muito sobre essa frase. Três vezes por semana, ela passava meia hora focalizando sua atenção nessa promessa do Salmo 23, analisando-a sob todos os pontos de vista, procurando entender seu significado mais profundo e como ela se aplicaria ao seu caso. Depois de algum tempo, chegou à conclusão de que, em sua meditação, a frase representava paz de espírito, contentamento, tranquilidade, abundância e segurança. A imagem mental que associou a ela foi a de uma vaca deitada em uma pastagem, ruminando tranquilamente. Percebeu que, ao ruminar seu bolo alimentar, a vaca absorvia, digeria e transformava tudo o que havia comido em ossos, músculos, tecidos, órgãos, sangue e leite, e isso representava que ela mesma estava ingerindo, digerindo e absorvendo as verdades implícitas na frase do Salmo 23, até elas também se tornarem parte de seu ser.

Lembrei-me de que, no livro do Levítico, o Senhor fala a Moisés e a Aarão: "(...) podereis comer (...) todo animal [a vaca, nesse caso] que tem os cascos fendidos, partidos em duas unhas e que rumina." E me conscientizei de que a divisão do casco pode representar um entendimento nítido das verdades de Deus — a separação entre o que é falso e o que é verdadeiro. Ruminar é a atenção e o devotamento que devemos dedicar às verdades divinas.

AUMENTE O PODER DO SEU SUBCONSCIENTE
PARA VENCER O MEDO E A ANSIEDADE

Esse é um belo exemplo de meditação e mostra evidentemente que ninguém precisa se preocupar em usar palavras rebuscadas ou imagens supostamente espiritualizadas para se conectar à Infinita Inteligência. Ela foi prática, simples e eficiente. A mulher havaiana estava com problemas financeiros sérios porque investira grande parte das suas economias em um mau negócio. A qualquer momento, iria perder a linda casa em que vivia desde o início do seu casamento. Para agravar a situação, depois de muitos desentendimentos, seu filho saíra de casa e há tempos não mandava notícias do seu paradeiro. Ela persistiu nas suas sessões de meditação e, semanas depois, recebeu uma carta de um advogado informando o falecimento de um irmão de sua mãe que sempre vivera no exterior e, como o tio não deixara descendentes, ela era sua única herdeira legal. A soma que recebeu foi mais do que suficiente para resolver seus problemas financeiros. Seu filho voltou para casa. Passara um bom tempo no Canadá, acreditando que lá a grama fosse mais verde, mas se convencera de que seu lugar verdadeiro era no Havaí. Estava mais maduro e disposto a se reconciliar definitivamente com a mãe.

A mulher havaiana fez uma meditação muito construtiva. Apropriou-se mentalmente das grandes verdades, que acabaram se tornando uma parte viva do seu ser, tal como acontece com um pedaço de pão ou uma banana que, depois de comidos e digeridos, passam a fazer parte da corrente sanguínea. Ela escolheu uma frase que lhe pareceu simpática e dedicou-se a procurar entender a profundidade de seu significado. Tomou a decisão de incorporar essas verdades e conheceu a força do seu poder curador, que trouxe grande harmonia à sua vida.

"Guia-me mansamente a águas tranquilas." Na Bíblia, o pastor é um símbolo para o poder orientador, curador e protetor da

O SIGNIFICADO MAIS PROFUNDO DO SALMO 23

Presença Divina que habita nosso interior. Você também se torna um bom pastor quando reconhece e acredita que Deus, a Suprema Inteligência, é a Única Presença e o Único Poder, a Única Causa e a Única Substância de todos os acontecimentos de sua vida. Ele é o poder que o faz andar, erguer uma cadeira, dirigir um veículo, trabalhar, estudar e tudo o mais. Ele é um poder invisível. Quando essa convicção ficar entronizada em sua mente, você passará a ser dirigido e abençoado de infinitas maneiras, porque a natureza da Infinita Inteligência é responder aos desejos dos Seus filhos. "Pô-lo-ei em retiro alto, porque conheceu o Meu nome. Ele me invocará, e Eu lhe responderei..." (Salmos 91, 14-15).

"Nome", no sentido bíblico, significa natureza, o modo como esta atende nossos pedidos. A expressão "águas tranquilas" representa a mente plena de paz, equilibrada e serena. Nesse estado mental, você contempla o poder, a sabedoria e o amor do Infinito, e, ao fazê-lo, submerge na Sagrada Onipresença, banhado pelas águas da fonte da paz, da alegria, da plenitude e da vitalidade. Você entrou no retiro do Altíssimo e sabe que Sua natureza é abençoá-lo.

"Refrigera a minha alma." Quando escolhemos Deus, a Suprema Inteligência, como nosso pastor, nossos cantos são canções de triunfo. Emerson escreveu: "Sua atitude mental será o solilóquio da alma amorosa e contemplativa". A prece é a contemplação das verdades de Deus a partir do ponto mais elevado do espírito, porque estamos reconhecendo que o Espírito Eterno existe dentro de nós e sabemos que teremos uma resposta aos nossos clamores. O Espírito Eterno ouve todos os seres humanos, não faz discriminação de pessoas e atende tanto ao profundamente religioso quanto ao ateu, ao agnóstico. "Pede e receberás." Ele não tem vínculos com religiões ou credos, não é propriedade exclusiva do cristianismo, nem do judaísmo, do islamismo, do budismo, do xintoísmo, do xamanismo etc.

AUMENTE O PODER DO SEU SUBCONSCIENTE
PARA VENCER O MEDO E A ANSIEDADE

O amor de Deus pertence a todos os Seus filhos, e Suas leis, como quaisquer outros princípios e leis da natureza, são impessoais. Ao reconhecer que o Poder é uno e indivisível, você rejeita todo o medo e as falsas crenças que perturbam este mundo em que vivemos. Sejam quais forem os temores, as frustrações e as falsas crenças que outras pessoas tenham introduzido em sua mente subconsciente, eles podem ser expurgados e eliminados, porque você clama com coragem que o Infinito Oceano da vida, do amor e da verdade inunde seu eu mais profundo, purificando, curando e transformando todo o seu ser para que se ajuste ao divino modelo de harmonia, plenitude e paz. O processo é similar ao de derramar água destilada em uma garrafa de água suja; depois de algum tempo, chega o momento em que a última gota de água suja é removida. Assim atua a prece, que, ao encher sua mente com as verdades de Deus, expulsa dela tudo o que é diferente Dele. Quando você reconhecer a supremacia do Poder Curador e Criador dos seus próprios pensamentos, terá escolhido o Senhor como seu pastor e sentirá sua alma leve e refrescada.

"Guia-me pelas veredas da justiça, por amor do seu nome." Sente-se em um lugar tranquilo, respire fundo algumas vezes para relaxar sua musculatura, feche os olhos e procure se interiorizar, entrando em contato com sua mente mais profunda. Agora, afirme suavemente que a sabedoria de Deus está ungindo seu intelecto e é uma lâmpada que ilumina seus pés e seu caminho. Afirme que o Amor Divino vai sempre à sua frente na jornada da vida, endireitando e aplainando as estradas que você percorre nesta existência. Volte-se sempre para a Infinita Presença e pense, fale, atue e reaja a partir do seu Centro Divino. Saiba, sinta, perceba e afirme que o Espírito Infinito é o seu guia, conselheiro, chefe e patrão, constantemente lhe orientando para que você atue de forma correta. Diga:

O SIGNIFICADO MAIS PROFUNDO DO SALMO 23

Daqui em diante, eu penso corretamente porque meus pensamentos têm as verdades eternas e os princípios da vida como base. Eu sinto que estou certo e que ajo de maneira correta. Tudo o que faço está de acordo com os princípios da Divina Lei e da Divina Ordem. Sei que Deus é eterno, o Todo-Poderoso, que tudo sabe, tudo vê e está sempre orientando Seus filhos na direção da prosperidade.

Portanto, conscientize-se de que o Infinito está no seu interior e é chamado de O Eterno, O Que Tudo Sabe, O Que Sempre Se Renova, O Único que vive nos corações dos seres humanos. É mais antigo do que a noite ou o dia, mais novo do que um recém-nascido, mais luminoso do que a luz, mais escuro do que as trevas; está além de todas as coisas e criaturas, mas, ainda assim, fixado no coração das pessoas. É Dele que surgem os mundos resplandecentes. Nosso mundo inteiro, como o conhecemos, saiu Dele, a Única Presença, o Único Poder, e você também. Você foi gerado pelo Infinito. O mundo inteiro é uma criação do Infinito.

Nos upanixades, os livros místicos dos hindus, está escrito: "Deus pensa e mundos surgem." A ciência moderna também diz que nosso mundo é um pensamento do Único, do Belo, do Bom, ao afirmar que nosso universo é matematicamente ordenado por uma Suprema Inteligência, a ponto de os astrônomos poderem calcular o dia em que o cometa Halley voltará a passar pela Terra, e até as frações de segundo do momento exato. É divinamente ordenado, de modo que os astronautas, antes do lançamento do foguete, podem calcular quando e por quanto tempo poderão ficar caminhando no espaço. Essas pessoas não têm fé em uma personalidade humana, corpórea, nem em um dogma ou igreja. Elas têm fé nas leis criativas da mente e em princípios e leis que

AUMENTE O PODER DO SEU SUBCONSCIENTE
PARA VENCER O MEDO E A ANSIEDADE

jamais mudam, que foram as mesmas no passado e serão as mesmas no futuro.

Os engenheiros têm fé nos princípios da matemática, e, quando constroem pontes e edifícios, usam os princípios universais da tensão de deformação. Eles fazem o cálculo do projeto usando a matemática. Os navegadores que cruzam o oceano Pacífico não sabem qual é a sua exata localização, mas, analisando a posição das estrelas, calculam a latitude e a longitude do ponto em que se encontram. Se você estiver se sentindo perdido, focalize sua atenção na grande estrela que vive em seu interior, no "Eu Sou", a presença de Deus, o *Ohm* hindu, o Espírito Vivo Todo-Poderoso. Entre em contato com Ele, que é o Onisciente e Onipotente e criou o mundo inteiro.

Conscientize-se de que a Infinita Inteligência sabe todas as respostas, conhece todos os caminhos e lhe revelará os meios que o ajudarão a alcançar seu objetivo. É por isso que, em Isaías (65, 24), está escrito: "Antes que me chamem, Eu responderei, estando eles ainda falando, Eu os ouvirei" Sim, antes de você fazer seu pedido, a resposta já está pronta, à sua espera, porque a Infinita Inteligência só atua por seu intermédio. Ela lhe deu o livre-arbítrio, ou seja, a liberdade de escolher, a capacidade de analisar os prós e os contras de uma situação e a iniciativa que lhe permite pôr suas ideias em movimento. Você tem plena liberdade de ser um assassino ou uma pessoa santa. Não é obrigado a ser bom, honesto, amoroso ou bem-sucedido, porque não é um animal governado pelo instinto. Você pode escolher habitar o reino de Deus que está em seu interior; pode escolher harmonia e agir da forma correta, que é o princípio da vida. Pode escolher beleza, amor, inspiração, abundância e segurança, e usufruir os infinitos recursos que existem na Infinita Presença, que estão à sua disposição.

O SIGNIFICADO MAIS PROFUNDO DO SALMO 23

Seu estado de conscientização é Deus em seu interior. Ele é o modo como você pensa, sente, acredita e concede permissão. Não existe outra Única Causa, Único Poder ou Única Substância neste mundo. Portanto, se você for sábio, começará a acreditar na bondade de Deus agindo aqui e agora, no mundo dos vivos, na sua orientação, harmonia e amor, e saberá o que é viver na justiça e gozar da paz dos justos.

"Ainda que eu andasse pelo vale da sombra da morte, não temeria mal algum, porque Tu estás comigo." Habitue-se a irradiar paz, amor e boa vontade para todos os que cruzam seu caminho. Imagine-se indo visitar um amigo que está hospitalizado doente. A vibração mental e espiritual que emana do seu coração abençoará a pessoa enferma e todos que a cercam ou cuidam dela. A propósito, quando for ver um enfermo ou orar por ele, jamais se identifique com sintomas, dores ou condições orgânicas. Pense na presença de Deus que habita o interior dessa pessoa e imagine que a vitalidade, a saúde e a perfeição do Infinito estão se manifestando nela. Veja-a em sua casa, junto de seus entes queridos, levando uma vida normal. Não permita que sua atenção se concentre na fraqueza e no abatimento do doente, porque isso seria fortalecer a enfermidade.

Se você está orando por saúde, perfeição, paz e harmonia e para o milagroso Poder Curador fluir pelo organismo de um doente, crie um quadro mental no qual o veja agindo normalmente, cuidando da casa, trabalhando no escritório, vigoroso e saudável, porque a imagem precisa concordar com suas afirmações. Eu costumo dizer que a maioria das pessoas não sabe orar, e, por isso, causa mais mal do que bem, porque, ao rezar, visualiza o doente combalido e sofredor, o órgão afetado, um tumor etc. Outra possibilidade é olhar para o relatório médico e dizer algo como: "Coitadinho, é um caso perdido. Desta vez, ele não escapa", ou coisa parecida. Isso não é orar.

AUMENTE O PODER DO SEU SUBCONSCIENTE
PARA VENCER O MEDO E A ANSIEDADE

Sua simples presença pode abençoar um doente se você tomar a atitude correta. Irradie fé, confiança e amor e diga-lhe que o Milagroso Poder Criador vive dentro dele, estimulando-o a crer que Deus é vida e está sempre pronto para curar. Faça isso sempre que for a um hospital ou visitar alguém enfermo. Dê-lhe uma transfusão de vida, amor e beleza.

Deus é vida, a vida que você está vivendo agora. A vida não pode morrer, porque isso seria absurdo. Não existe morte, e não devemos falar sobre ela. A ideia de morte é uma sombra e uma sombra não tem realidade. Como Deus poderia morrer? Deus nunca nasceu e nunca morrerá. A água não pode afogá-Lo, o fogo não pode queimá-Lo, o vento não pode levá-Lo para longe. Ele é o Princípio Vital que anima todos os seres humanos. Como a Vida pode ser morte? Aquilo que chamamos de morte nada mais é do que a entrada em uma quarta dimensão da vida, o lugar ao qual vamos todas as noites quando dormimos. Um dia, iremos para a quarta dimensão e não voltaremos, e os ignorantes à nossa volta dirão que estamos mortos. Não, pois nossa jornada de vida avança de glória em glória, de sabedoria para mais sabedoria, sempre para a frente, sempre para o alto, na direção da perfeição de Deus.

Afirmo que não existe morte. Quando uma lâmpada queima, você diz: "Esse foi o fim da eletricidade", ou vai pegar uma nova para trocar? Ora, a eletricidade existe e existia milhões e milhões de anos antes de Jesus, Moisés, Elias, Maomé ou Buda caminharem neste planeta. Eles poderiam ter usado a eletricidade, mas não a descobriram, não surgiu o modo como fazê-la trabalhar para o nosso bem em suas mentes. Nossos ancestrais também poderiam ter descoberto os princípios do funcionamento do rádio, da televisão, de submarinos ou aeronaves, porque eles existem desde a criação do mundo e jamais mudaram. Entretanto, as ideias que

O SIGNIFICADO MAIS PROFUNDO DO SALMO 23

levaram a essas invenções não atingiram sua mente racional. Talvez nem pensassem em que algo desse tipo fosse possível. Afinal, eram humanos, como nós, e todos os humanos são filhos de Deus.

Existe uma única Vida, um único Espírito, e somos filhos do Único. Algumas pessoas nasceram com uma parcela de divindade maior e entenderam mais cedo que temos o Progenitor em comum, o Princípio da Vida. É por isso que todas as religiões do mundo proclamam "Pai Nosso, Pai Eterno".

Assim, quando você irradia paz, amor e boa vontade para outra pessoa, pode ser considerado um egoísta, porque também está se abençoando. Da mesma forma, quando maltrata alguém, está se maltratando. Em termos subjetivos, todos nós somos um; objetivamente, é que parecemos ser diferentes uns dos outros. Pense no globo terrestre; os continentes e as centenas de países vistos acima do nível do mar parecem muito diferentes entre si. Entretanto, todos estão unidos nas profundezas dos oceanos, porque as terras secas fazem parte de uma única massa.

Não existe fim para a humanidade. Nossa jornada é sempre para a frente, para o alto, na direção da perfeição do Pai, e ninguém pode ser menos amanhã do que é hoje. A vida não olha para trás nem fica contemplando o ontem. Uma maçã podre pode estragar uma maçã nova, que durará menos, mas uma maçã nova não tem como revigorar uma maçã podre. Você acha que George Washington ou o presidente Kennedy estão enterrados em algum lugar? Que absurdo! Ninguém está enterrado em cemitérios ou mausoléus. Os restos dos corpos físicos podem ter sido depositados nesses locais, mas a pessoa verdadeira continua viva.

Ora, se um piano ou violino pegar fogo e se transformar em cinza, será o fim da música? Óbvio que não. A música é algo

AUMENTE O PODER DO SEU SUBCONSCIENTE
PARA VENCER O MEDO E A ANSIEDADE

que existe e transcende qualquer tipo de instrumento. O mesmo acontece com os seres humanos. A vida existe, é uma só. É por isso que pessoas elucidadas e espiritualizadas não costumam visitar cemitérios. Uma vez, um discípulo perguntou a Sócrates: "Mestre, onde deveremos enterrá-lo?" O grande filósofo grego soltou uma gargalhada e falou: "Se vocês conseguirem me pegar, me enterrem em qualquer lugar." Nosso corpo atual vai se decompor e se tornará solo, grama, chuva e neve. Quem imagina que vai acabar em um cemitério está se identificando com a carência, a limitação, o término e a miséria, criando túmulos em sua mente e atraindo doenças. Jamais faça isso.

Se você quer homenagear seus entes queridos, dê-lhes muito amor, porque eles estão à sua volta, separados de você apenas pela frequência das vibrações, que é completamente diferente da sua. Nós também temos um corpo mais rarefeito, que muitos chamam de corpo etéreo, que nos permite entrar em outra dimensão e permanecermos nela por curtos períodos de tempo — é o que acontece quando dormimos. A vida é uma constante expansão. O bebê que morreu dentro do ventre da mãe continua crescendo e evoluindo em beleza e sabedoria, expandindo-se como uma nota graciosa na grande sinfonia da criação. Quando você o encontra na outra dimensão, ele é um menino ou uma menina.

Se você tem medo da morte, do dia do julgamento, do purgatório ou de outras coisas dessa natureza, está se deixando governar por ignorância, ilusão e crenças falsas de todos os tipos, porque Deus não nos criou com o espírito do medo, mas com o espírito do poder, do amor e de uma mente sadia. Na linguagem bíblica, a morte é a ignorância da verdade, e só morremos para as crenças falsas, para as ilusões do mundo, para os credos e dogmas do mundo.

Qualquer prece feita para pedir uma mudança é uma morte. Você tem de morrer para o que é atualmente, de modo a poder ser

O SIGNIFICADO MAIS PROFUNDO DO SALMO 23

o que sonha ser. Tem de morrer para a crença da pobreza para ser capaz de ressuscitar um Deus da opulência em sua própria mente. Repito que, na Bíblia, a morte é a ignorância da verdade de Deus. A ignorância é o único pecado, como Buda descobriu no seu longo caminho para atingir a iluminação. Ele perguntou a Brahma (Deus) qual era a causa de todo o sofrimento e miséria do mundo, e a resposta foi: "A ignorância. Ensine a verdade e o povo se libertará." Ele disse isso em 5000 a.C.

"A tua vara e o teu cajado me consolam." "Eu Sou" perguntou a Moisés: "O que tens em tua mão?" Ele respondeu que era uma vara, e Deus mandou-o atirá-la ao chão. Ela se transformou em uma cobra. Moisés foi instruído a pegar a cobra pelo rabo, e ela voltou a ser sua vara. Também foi com ela que o profeta golpeou a rocha e dela saiu água. Foi essa mesma vara que engoliu todas as varas falsas dos egípcios.

A vara é o poder de Deus, a sabedoria de Deus. Quando você toca esse poder, quando recorre a esse poder, a vara engole todas as varas dos egípcios (a ignorância, o medo e as crenças falsas). A vara representa sua autoridade como filho de Deus e a capacidade de usá-la.

A vara e o cajado de Deus o consolam [tranquilizam] porque só existe paz quando você sabe onde está o poder. Quando sua mente está tranquila, a resposta vem. A paz enche sua alma logo que você descobre a Infinita Presença e o Infinito Poder dentro do seu ser, e nada pode se opor a ele. Não existe nenhum tipo de poder no Sol, na Lua, nas estrelas, em bruxaria, na prática de vodu ou em coisas parecidas, porque eles só adquirem a força que você lhes dá devido à sua ignorância. O pensador científico não concede poder a coisas ou fenômenos da natureza, só ao Criador.

AUMENTE O PODER DO SEU SUBCONSCIENTE
PARA VENCER O MEDO E A ANSIEDADE

"Preparas uma mesa perante mim na presença dos meus inimigos." Seus verdadeiros inimigos são seus pensamentos, medos, ciúmes, invejas, dúvidas, raivas, rancores e sua má vontade. Portanto, quando lhe ocorrerem pensamentos negativos, expulse-os da sua mente com fé em Deus e no bem que Ele quer lhe dar. Os mais tóxicos dos venenos mentais são a autodepreciação e a autocondenação. Esses sentimentos devem ser eliminados com a repetição da grande verdade: "Exalto Deus dentro de mim, que é o Todo-Poderoso para me curar de todos os males, sejam físicos, sejam espirituais."

Uma moça estava processando o tio com a intenção de anular um testamento para ficar com parte do dinheiro, e não hesitava em fazer calúnias e graves acusações. O homem estava indignado e não conseguia pensar em outra coisa. Sentia que ia ter um colapso nervoso a qualquer momento. Porém, quando se deu conta do modo como agia, parou de brigar com o assunto e começou a se alimentar espiritualmente com as grandes verdades do Infinito por meio da meditação. Meditar é concentrar a atenção em uma determinada verdade até que ela se torne parte de nós. Não há nenhum mistério nisso.

Então, o homem começou a pensar nas grandes verdades do Infinito e passou a contemplar a paz, a harmonia e a ação divina correta. Entregou-se a Deus com a confiança de que Ele lhe traria uma solução. Parou totalmente de conceder poder à sobrinha, que não tinha nenhum direito legal sobre a herança e era rancorosa e ávida por dinheiro. O processo acabou sendo arquivado por falta de provas.

Um médico, amigo meu, disse-me que a divulgação exagerada do fato de artistas e mulheres de políticos terem desenvolvido

O SIGNIFICADO MAIS PROFUNDO DO SALMO 23

câncer de mama resultou em um grande afluxo de clientes ao seu consultório. Elas queriam se submeter aos exames adequados para o caso. O médico acrescentou que as campanhas para informar o povo sobre doenças como câncer, tuberculose, problemas cardíacos etc., veiculadas pelos meios de comunicação, em especial a televisão, causam mais mal do que bem, porque, ao tentarmos lutar contra uma ideia, só conseguimos ampliá-la. É errado lutarmos contra pensamentos negativos. Ele também salientou que o medo constante do câncer por parte dessas mulheres mais cedo ou mais tarde criará exatamente o que mais temiam.

Quando lhe ocorrerem pensamentos negativos, ignore-os e focalize sua atenção em ideias positivas sobre amor, paz, plenitude e perfeição de Deus, e você automaticamente se elevará acima do medo, das crenças falsas e das mentiras da propaganda de massa.

Na Índia, é comum a família espiritualizada ensinar seus filhos a fazer a seguinte afirmação desde muito pequenos: "Eu sou muito saudável. Brahma é minha saúde." Eles aprendem a repeti-la muitas vezes durante o dia, até se tornar um hábito. Como todas as crianças são impressionáveis e possuem uma mente maleável, vão pouco a pouco aumentando sua imunidade às doenças. Lembre-se de que seus filhos crescem absorvendo o clima mental dominante de sua casa. Por isso, evite ameaçá-los com castigos vindos de Deus e ensine a eles a regra de ouro e a lei do amor. Instrua-os a respeitar a divindade em seu interior e em todos os seres humanos.

"Unges a minha cabeça com óleo." Ungir com óleo é conferir poder e iluminação, e significa que a Infinita Presença Curadora agora atua em seu benefício e que a sabedoria de Deus penetra no seu intelecto. Você está consagrado pelo Amor Divino e recebeu a bênção da alegria.

Um dos modos mais eficazes de receber uma resposta à sua prece é imaginar que está falando diretamente com o Infinito no silêncio de sua alma. Ao se deitar para dormir, repita a frase "Obrigado, Pai" muitas vezes, até se sentir tomado pela gratidão. Ela passará a ser sua canção de ninar. É inútil tentar mudar o Infinito por meio de súplicas ou repetições infindáveis de orações e rituais, mas, quando você entra em um clima de gratidão e eleva-se ao ponto da aceitação, as coisas boas da vida começam a fluir em seu favor.

Você deve agradecer ao Infinito antes de receber a resposta ao seu clamor. Não somos capazes de criar harmonia, paz, amor ou beleza; não criamos porque essas coisas já existem e existiam antes de chegarmos a este mundo, criadas por Deus. Ele jamais muda e certamente não se modificaria porque alguém é católico, protestante, judeu, muçulmano, budista ou professa qualquer outra religião, seita ou filosofia. Somos nós que temos de nos elevar até a verdade de Deus e, quando afirmarmos e acreditarmos que Ele está sempre disposto a dar o melhor para seus filhos, nossas preces serão atendidas. Tentar mudar o modo de agir de Deus é sinal de superstição e de ignorância crassa.

"Meu cálice transborda." O cálice representa o seu coração, que, por meio da contemplação, pode se encher com as grandes verdades de Deus. Ao meditar sobre a beleza, a glória e as maravilhas do Infinito, você gerará automaticamente uma sensação de amor, paz e alegria, que envolverá e impregnará seu coração, e que, por ser tão grande, pode ser dividida com os outros. Seria como se dissesse: "Bebei desta taça"; bebei amor, sabedoria, poder e beleza. Porém, lembre-se de que não poderá oferecer do seu cálice se ele não estiver cheio. Ninguém pode dar o que não tem.

O SIGNIFICADO MAIS PROFUNDO DO SALMO 23

O cálice, portanto, é o seu coração. Você descobrirá que emana satisfação, cordialidade, alegria, genialidade e boa vontade aos que o cercam enquanto enche sua alma com amor. O amor de Deus dissolve tudo o que há de negativo no seu subconsciente e você será tão livre como o vento.

"A bondade e a misericórdia me seguirão todos os dias de minha vida." À medida que você continuar a meditar e a absorver essas verdades, descobrirá que todas as áreas de sua vida funcionam em harmonia para lhe trazer tudo o que é bom. O Amor Divino vai à sua frente, desobstruindo e aplainando seu caminho; e a paz, o amor e o júbilo do Senhor o farão expressar seus talentos no nível mais alto. Quem medita sobre as verdades de Deus constata como suas estradas são agradáveis e experimenta pensamentos de paz.

"Habitarei a casa do Senhor por longos dias." Agora você é um templo do Deus Vivo. Está na casa do Senhor, morando no paraíso, porque o paraíso é a Infinita Inteligência dentro da qual você vive, movimenta-se e é. Você habita a casa de Deus — a sua mente — quando se lembra regular e sistematicamente de que o Espírito Infinito é seu guia, seu conselheiro, e de que você está sendo sempre inspirado pelo Altíssimo. Olhe para Deus como seu Pai, como a Fonte Infinita do que é bom, sabendo que nada lhe faltará na vida porque Ele o ama e só quer o seu bem.

O tabernáculo de Deus é formado pela humanidade. Ele próprio habita os seres humanos e faz deles Seu povo escolhido. Agora, você está enraizado no Infinito, está à vontade com Deus, que lhe dá repouso e segurança. Sente-se tranquilo, em paz, relaxado, completamente livre do medo, porque, onde você está, Deus também está, e você caminha com Ele na jornada pela escada celestial que não conhece fim. Agradeça constantemente ao Senhor a Sua companhia, e você progredirá de maravilha em

105

maravilha, de oitava em oitava, de sabedoria em sabedoria, de beleza em beleza, porque não existe fim para a glória, que é sua agora e eternamente.

Resumo do capítulo

- A meditação determina o seu destino. Todos nós meditamos, mesmo que não tenhamos consciência disso. Seus pensamentos e emoções controlam o seu destino. A meditação é tão real e natural como a respiração, a digestão e a assimilação.
- Deus é o Espírito Vivo dentro de você, a Suprema Inteligência, o Princípio Vital. Jamais ficaremos carentes do que é bom se escolhermos a Infinita Inteligência como guia e conselheira.
- Medite sobre tudo o que é verdadeiro, belo, nobre e digno de Deus. O processo pode ser comparado a comer as verdades grandes e a mastigá-las, focalizando toda a sua atenção nesse alimento.
- O pastor da Bíblia simboliza o poder protetor, orientador e curador da Divina Presença que habita o seu interior. Você também é um bom pastor quando sabe e acredita que Deus, a Suprema Inteligência, é a Única Presença e o Único Poder, Causa e Substância, e dedica-se a cuidar dos seus pensamentos — suas ovelhas — seguindo os preceitos divinos.
- Feche os olhos, respire fundo, relaxe a musculatura e afirme suavemente que a sabedoria de Deus unge seu intelecto e é sempre uma lâmpada a iluminar seu caminho. Volte-se constantemente para a Infinita Presença e pense, fale, atue e reaja a partir do Centro Divino que está dentro do seu ser. Saiba, sinta e afirme que o Espírito Infinito é seu guia, conselheiro,

O SIGNIFICADO MAIS PROFUNDO DO SALMO 23

sócio, chefe e patrão, e que a Divina Ação Correta o governa em todas as ocasiões.

- Se você tem medo da morte, da vida depois da morte, do dia do julgamento, do purgatório e de outras coisas dessa natureza, está sendo governado por ignorância, ilusão ou crenças falsas de todos os tipos, porque Deus não nos deu um espírito de medo, mas sim um espírito de amor e de poder e uma mente sadia. Na linguagem bíblica, a morte é a ignorância da verdade, e essa é a única morte que existe.
- O tabernáculo de Deus é formado pela humanidade. Ele habita os seres humanos e faz deles o Seu povo escolhido. Agora, você está enraizado no Divino, está à vontade com Deus, que lhe dá repouso e segurança, deixando-o em paz, tranquilo e relaxado, completamente livre do medo. Onde você está, Deus também está, e você habitará nele para sempre.

CAPÍTULO 6
Salmo 91 - O protetor

O livro de Salmos também é chamado de "A pequena Bíblia" e, em minha opinião, é uma verdadeira arca do tesouro. Ao longo dos séculos, a meditação e a leitura desses extraordinários poemas têm ajudado muitas pessoas a encontrar paz, inspiração e consolo. Dos 150 salmos, escolhi três que considero mais úteis na luta contra o medo e a preocupação. No capítulo anterior, examinamos o Salmo 23 e, mais à frente, eu me deterei no Salmo 139, apresentando outra meditação proveitosa.

Os salmos são poemas e canções dedicados a Deus, que falam sobre todos os problemas que afetam a humanidade. O Salmo 91, que louva a proteção do Senhor, é uma grande fonte de inspiração e consolo para milhares de pessoas que recorrem a ele nas atribulações e contam sobre salvamentos milagrosos em casos de naufrágio, incêndio, terremoto e muitos outros perigos. Ele também é procurado pelos que buscam proteção para a saúde e ajuda em diversos tipos de emergência e problema.

Se você ainda não conhece esse salmo, leia-o com calma na primeira vez para captar sua essência e, depois, procure reler um verso de cada vez, sem pressa, dando-lhe toda a atenção e devoção, procurando perceber todas as suas implicações. Medite sobre o significado de cada frase, sabendo que essas grandes verdades estarão mergulhando no seu subconsciente e, mais cedo ou mais tarde, irão se materializar em sua vida diária. Confira o Salmo 91 a seguir:

AUMENTE O PODER DO SEU SUBCONSCIENTE
PARA VENCER O MEDO E A ANSIEDADE

Aquele que habita o esconderijo do Altíssimo, à sombra do Onipotente, descansará. Direi do Senhor: Ele é o meu Deus, o meu refúgio, a minha fortaleza, e Nele confiarei. Porque Ele te livrará do laço do passarinheiro e da peste perniciosa. Ele te cobrirá com as Suas penas e debaixo das Suas asas te confiarás; a Sua verdade será o teu escudo e broquel. Não terás medo do terror da noite nem da seta que voa de dia, nem da peste que anda na escuridão, nem da mortandade que assola ao meio-dia. Mil cairão ao teu lado, e dez mil à tua direita, mas não chegará a ti. Somente com os teus olhos contemplarás e verás a recompensa dos ímpios. Porque Tu, ó Senhor, és o meu refúgio! No Altíssimo, fizeste a tua habitação. Nenhum mal te sucederá, nem praga alguma chegará à tua tenda. Porque aos Seus anjos dará ordem a teu respeito, para te guardarem em todos os teus caminhos. Eles te sustentarão nas suas mãos, para que não tropeces com o teu pé em pedra. Pisarás o leão e a cobra; calcarás aos pés o filho do leão e a serpente. Porquanto tão encarecidamente me amou, também Eu o livrarei; pô-lo-ei em retiro alto, porque conheceu o Meu nome. Ele me invocará, e Eu lhe responderei; estarei com ele na angústia; dela, o retirarei e o glorificarei. Fartá-lo-ei com longura de dias e lhe mostrarei a Minha salvação.

Quando se sentir assustado e preocupado, releia o salmo em voz alta, recitando cada verso vagarosamente, e você dissipará, neutralizará e eliminará o medo. Quando estiver no trabalho, dirigindo seu automóvel ou caminhando pelas ruas, pense no sentido do que você leu. Não é necessário decorar todos os versos, embora isso comumente aconteça, pois neles estão os pensamentos, as ideias, os sonhos e as aspirações de todos os seres humanos. Se não lembrar as palavras, pense na Única Presença e no Único Poder; acredite que Deus está com você, orientando-o em todos os seus caminhos.

SALMO 91 — O PROTETOR

"Aquele que habita o esconderijo do Altíssimo." O Altíssimo é Deus, o Espírito Vivo Todo-Poderoso que habita o seu interior, e Seu esconderijo, de fato, não fica no céu, mas dentro do seu ser, nas profundezas do seu subconsciente. Você entra em contato com o Infinito por meio dos seus próprios pensamentos, porque o reino de Deus é interno, o que significa que o reino de Inteligência, Sabedoria e Poder está ao seu alcance. O salmo fala em esconderijo porque, ao se interiorizar, você fecha a porta dos seus sentidos, afastando a sua atenção dos problemas, e consegue concentrar sua mente racional na Infinita Inteligência, na sabedoria e no poder do Infinito que moram no seu coração. Perceba que eles estão fluindo por sua mente e corpo, respondendo aos seus clamores, porque tudo o que você afirma e sente ser verdade é acolhido pelo Espírito do Todo-Poderoso, que se movimenta em seu benefício para orientá-lo e instruí-lo sobre os meios que terá de empregar para realizar o seu desejo.

"À sombra do Onipotente descansará." Isso significa viver envolvido pelo amor de Deus. Deus é amor e esse amor o cerca constantemente. Quando você reconhece essa presença, ela penetra no seu coração e forma uma couraça divina indestrutível, que o protege de todos os inimigos, mentais ou espirituais.

Conscientize-se do amor de Deus o envolvendo, criando muralhas protetoras invulneráveis e invencíveis. Quando você se une com Deus, imediatamente transforma-se em uma maioria e adquire o poder de derrotar qualquer inimigo. "Se Deus é por nós, quem será contra nós?"

A sombra, no Oriente Médio, onde a Bíblia foi escrita, é considerada uma bênção, porque protege do Sol inclemente. No meio de uma área desértica, a sombra de um grande rochedo é um verdadeiro santuário e os viajantes buscam por ela ansiosamente, estejam a pé

AUMENTE O PODER DO SEU SUBCONSCIENTE
PARA VENCER O MEDO E A ANSIEDADE

ou no lombo de um camelo. Sabem que ficarão protegidos do calor e das terríveis tempestades de areia que ocorrem nessas regiões.

O salmista fala em um Senhor Onipotente, o Todo-Poderoso, o Eterno, Aquele que tudo sabe. Ninguém é capaz de se opor a Ele, de desviá-Lo ou distorcê-Lo; Ele está sempre se renovando. Com Deus, todas as coisas são possíveis.

"Aquele que habita." Isso significa que você está em frequente contato com o Infinito, que vive no seu interior. Você habita a sua casa, o seu lar, e ali passa a maior parte do seu tempo. Ali você come, dorme; em certos casos, até trabalha. Ela é sua habitação.

A frequente habitação, em termos mentais, significa apenas que você está constantemente pensando na Infinita Presença ou no Infinito Poder que o orienta, dirige, sustenta, protege e fortalece, isto é, no Onipotente, que é seu conselheiro e curador, ao qual pede que o ensine a escolher o caminho para executar a ação correta.

Quando você se conscientiza dessa presença, pensa nela muitas vezes por dia e afirma com regularidade e fé que "a Infinita Inteligência me guia, dirige e protege". Pode-se dizer que você está habitando o esconderijo do Altíssimo.

Muitas pessoas rezam quando adoecem ou ao enfrentarem atribulações, mas quem ora regularmente, louvando o Infinito que habita seu interior, evita muitos problemas. Como eu disse anteriormente, meditar significa voltar a atenção às grandes verdades de Deus e absorvê-las e digeri-las até que penetrem nossa alma. É possível argumentar que, ao meditarmos sobre as verdades do Salmo 91, estamos carregando nossas baterias mentais e espirituais.

"Direi do Senhor: Ele é o meu Deus, o meu refúgio, a minha fortaleza e Nele confiarei." Deus é o Poder Soberano, o Espírito Vivo Todo-Poderoso. Existe um Único Poder e nada é capaz de se contrapor a Ele. Temos de confiar em sua presença e dar-lhe nossa aliança, lealdade e reconhecimento, tendo plena certeza de que não

SALMO 91 — O PROTETOR

há nada maior do que ela. No instante em que você concede poder a qualquer coisa que foi criada por Deus na Terra, deixa de adorar o Eterno, venerando um falso deus. Como algo criado — o Sol, a Lua, as estrelas, os planetas, as montanhas ou o mar — pode ter mais poder do que o seu Criador? Seria um absurdo.

Deus é Espírito Puro, e você deve confiar Nele como confiava em sua mãe ao nascer. Ela o pegava nos braços e você sentia o amor que emanava dela. Entretanto, todo o amor que existe no mundo não é mais do que uma gota do infinito oceano do amor de Deus, pois Deus é amor.

Afirme com frequência: "Sou inspirado pelo Altíssimo. Deus me ama e fez seus profetas transmitirem esta grande verdade: Ele cuida dos seus filhos."

Se você repetir afirmações como essa muitas vezes, depois de algum tempo, estabelecerá uma firme convicção em sua mente de que Deus é a Única Presença, o Único Poder, a Única Causa e a Única Substância, que está constantemente lhe orientando, dirigindo, sustentando e protegendo.

A mente subconsciente sempre aceita a ideia dominante da mente racional. Quando a firme convicção de que o amor e a paz de Deus estão saturando seu intelecto e seu coração, ela prevalecerá sobre todos os seus pensamentos, atos e reações menores, e sua vida será uma sucessão de maravilhas. O simples fato de estar meditando sobre as palavras do salmo indica que você tem fé e confia na presença, no poder e no amor curativo de Deus, e não na doença ou situação negativa.

"Porque Ele te livrará do laço do passarinheiro e peste perniciosa. Ele te cobrirá com as Suas penas e debaixo das Suas asas te confiarás; a Sua verdade será teu escudo e broquel." Não há dúvida alguma de que Ele te livrará do mal, e aqui está uma garantia definitiva de que sua prece será atendida por meios que você talvez seja incapaz de entender.

AUMENTE O PODER DO SEU SUBCONSCIENTE
PARA VENCER O MEDO E A ANSIEDADE

O laço do passarinheiro ou caçador e a peste podem significar fraudes, trapaças, alguém desejando prejudicá-lo, ou medo de doenças, epidemias e outras coisas dessa natureza. Você, porém, não deve ter medo nem dúvidas, porque a certeza plena de que é envolvido e orientado por Deus funciona como um anticorpo divino contra todos os males. "Debaixo das Suas asas te confiarás." Nem é preciso dizer que as asas são simbólicas, porque Deus é o Espírito Vivo sem rosto, forma ou figura. Aqui, ela significa proteção. A galinha junta os pintinhos sob suas asas para mantê-los em segurança. "A Sua verdade será o teu escudo e broquel." Sim, você conhecerá a verdade, e a verdade o libertará. Essa verdade diz que Deus é Todo-Poderoso e, portanto, a realização do seu desejo atual é a verdade que o libertará. Se é pobre, a riqueza o libertará dos seus problemas; se é doente, a saúde o libertará; se estiver em uma prisão, a liberdade será sua salvadora. O júbilo do Senhor é sua força, afinal, se Deus é por você, quem será contra você?

"Não terá medo do terror da noite nem da seta que voa de dia." Noite é sinônimo para trevas, escuridão, sombras. O medo é uma sombra em nossa mente, criada por nós mesmos, pelos nossos pensamentos. A maioria dos medos deriva da crença de que exterioridades são causativas, o que é uma enorme mentira. Uma condição não cria outra, uma circunstância não cria outra. Exterioridade é efeito, e não causa. Tudo é passível de mudança, e quando você muda sua mente, muda também seu corpo e seu ambiente.

Muitas vezes, você já ouviu dizer que o pior inimigo está em sua própria casa. Sim, o inimigo é o medo, a dúvida, o rancor e a hostilidade, e está em sua casa porque você o criou em sua própria mente. Você é o criador das suas preocupações, o criador dos seus medos. Por isso, basta contemplar o amor de Deus, a paz, a harmonia e a ação correta para o medo desaparecer. Quando sentir o medo chegar, afirme sem demora: "O amor de Deus

SALMO 91 — O PROTETOR

enche a minha alma. A paz de Deus inunda a minha mente." O medo desaparecerá. O que acontece à escuridão da noite quando você acende uma lâmpada? O dia claro é a conscientização do problema, porque, à luz do Sol, você pode vê-lo melhor. Elimine as trevas de sua mente, iluminando-as com a certeza da presença de Deus. Afirme: "Deus me ama e cuida de mim."

"Nem da seta que voa de dia." A seta ou flecha é qualquer pensamento negativo decorrente dos problemas do mundo, da propaganda, das manchetes, dos noticiários — os pensamentos de medo. Ela também pode se referir à doença física, a desentendimentos no trabalho e à desarmonia no lar. O problema está aqui ou ali, mas Deus também está. Ele é a Infinita Inteligência que habita o seu interior, não um velho barbudo sentado em uma nuvem. Acreditar nisso é imaturo, infantil e um verdadeiro absurdo.

"Nem da peste que anda na escuridão." Essa sentença pode se referir a um rancor inconsciente, à raiva reprimida ou ao preconceito. Preconceito é um prejulgamento, ou seja, a emissão de uma opinião sobre algo sem nada saber sobre ele. A peste também pode significar uma bolha de veneno no seu subconsciente, como a inveja, que é uma das mais destrutivas toxinas mentais. O ciúme também é um poderoso veneno, entretanto, nada é mais prejudicial do que a culpa, também chamada de maldição das maldições, que você mesmo criou com base em modelos religiosos falsos absorvidos em sua infância. Ninguém é capaz de castigá-lo, a não ser você mesmo. Perdoe-se e você estará perdoado. A vida sempre perdoa e jamais castiga porque não pode fazê-lo. O Absoluto não pode castigar. O julgamento pertence ao filho, que é a sua própria mente. É você quem se julga e se castiga.

Alimente seu subconsciente com ideias geradoras de vida e conseguirá eliminar todos os modelos negativos. Ao encher sua mente com as verdades de Deus, estará expulsando tudo o que é diferente Dele.

AUMENTE O PODER DO SEU SUBCONSCIENTE
PARA VENCER O MEDO E A ANSIEDADE

Pessoas que estão tramando contra você, tentando prejudicá-lo ou enganá-lo para entrar em um negócio escuso podem ser qualificadas como pestilência. Qualquer atividade que seja inimiga do seu bem-estar — como calúnias e fofocas no ambiente de trabalho, com o objetivo de atrasar uma promoção, por exemplo — é facilmente percebida e eliminada por quem tem Deus no coração, pois a fé no Todo-Poderoso e no bem dissolve os males e protege em todas as circunstâncias.

Conheço um detetive que, todos os dias, antes de sair do trabalho e à noite, antes de dormir, diz: "És meu refúgio, a minha fortaleza, e debaixo das Tuas asas estarei seguro." Ele repete essa prece há tantos anos que sua alma está saturada com essa certeza, que formou uma barreira de proteção. Muitos criminosos já atiraram nele, lançaram granadas, até tentaram baleá-lo à queima--roupa, mas nada de mal lhe aconteceu. E nada acontecerá, porque ele criou essa imunidade por meio do Salmo 91.

"Mil cairão ao teu lado, e dez mil à tua direita, mas não chegará a ti." Enquanto enche sua mente com as verdades eternas de Deus, você expulsa dela tudo o que é diferente do Eterno. Os pensamentos espirituais derrotam os pensamentos negativos. De fato, um único pensamento espiritual destrói dez mil ideias e modelos negativos que estejam implantados em seu subconsciente. Se você procura estar sempre pensando de maneira construtiva, harmoniosa e pacífica, os pensamentos negativos surgirão e desaparecerão sem encontrar abrigo e não terão nenhum efeito sobre você.

"Somente com os teus olhos contemplarás e verás a recompensa dos ímpios." "Olhar com os olhos" significa ver o mundo objetivo que, é nítido, está cheio de maldade. Não existe um princípio do mal, uma entidade maligna, mas as pessoas cometem crimes e praticam atos cruéis. Em todos os lugares, vemos a desumanidade das pessoas com o próximo. As cadeias estão cheias de indivíduos

SALMO 91 — O PROTETOR

mentalmente doentes, psicopatas, sociopatas, esquizofrênicos, maníacos sexuais e, naturalmente, você tem conhecimento disso, tem noção dos males que afligem o mundo. Mas não deve se deixar envolver a ponto de ficar agitado, perturbado e exageradamente emocionado, pois estará abrindo caminho para doenças como úlceras, hipertensão e outras de cunho psicossomático.

Viver em constante tensão por causa do que lê nas manchetes dos jornais ou vê nos noticiários de televisão não é viver. Você tem de entender que não é responsável por alguém ser um ladrão ou assassino, e quando não existe opinião, não existe sofrimento. Ao caminhar pelo mundo com a consciência do amor, da paz e da harmonia de Deus, você está contribuindo para a paz e a harmonia do todo, irradiando a luz do amor do Pai e abençoando o mundo inteiro. Mas, quem avança pela vida com raiva, ódio, rancor, inveja e sentimentos similares, derrama mais veneno na mente da massa, colaborando com a negatividade do mundo.

Portanto, "somente com os teus olhos contemplarás". Sim, você olhará, mas não se deixará afetar. Tome conhecimento de que os males estão lá, mas abençoe todas as criaturas e vá em frente, sem se deixar contaminar. Quando não existe julgamento, não existe dor. Não tente julgar ou dar opiniões, mantendo uma mente calma e pacífica. O que faria um cirurgião se estivesse constantemente preocupado a ponto de ficar com mãos trêmulas na hora de operar um paciente? Que bem poderia fazer um psiquiatra perturbado? Sim, aprenda a se distanciar dos problemas, a manter sua serenidade e a sintonizar com o Infinito, porque, assim, você poderá ajudar o mundo em que vivemos. A tranquilidade mental faz com que coisas boas aconteçam.

Assim, "verás a recompensa dos ímpios". Você sabe que, quando as pessoas desrespeitam as leis, têm de ser julgadas de acordo com elas. Mas não se aflija por causa de criminosos que escapam

AUMENTE O PODER DO SEU SUBCONSCIENTE
PARA VENCER O MEDO E A ANSIEDADE

impunes ou que recebem penas brandas demais para os seus crimes. "A vingança é minha, disse o Senhor. Eu recompensarei". A lei do Senhor é perfeita, portanto, exalte Deus no meio de nós.

"Porque Tu, ó Senhor, és o meu refúgio! No Altíssimo, fizeste a tua habitação. Nenhum mal te sucederá, nem praga alguma chegará à tua tenda." Conscientize-se de que Deus habita seu interior e de que, se você se mantiver sintonizado com a Infinita Sabedoria, nenhum mal lhe acontecerá. Faça da Divina Presença o seu refúgio, afirmando constantemente: "Deus me ama e me protege." É essa repetição constante que faz milagres. As promessas que estão na Bíblia são leis. "Invoque-Me e eu te responderei; estarei contigo na angústia; eu te porei em retiro alto porque conheces Meu nome." Portanto, sempre há uma resposta do Infinito para seus clamores. "Nome", na Bíblia, significa "índole", "natureza", e a natureza da Infinita Inteligência é responder, atender. E lembre-se de que, se você pedir pão, Ela não lhe dará pedra; se você pedir peixe, Ela não lhe dará uma serpente. Ou seja, a resposta vem de acordo com a natureza do seu pedido, tornando-se a encarnação do seu ideal. É uma lei, como a lei da gravidade, a lei da genética. O que você imprime em seu subconsciente é concretizado. É a lei da mente, nada mais.

"Porque aos Seus anjos dará ordem a teu respeito, para te guardares em todos os teus caminhos." O significado da palavra anjo é "mensageiro". O anjo é um mensageiro de Deus; são ideias, intuições, impressões e lampejos de iluminação que vêm à nossa mente.

Em uma de minhas palestras, um homem veio me contar que, um dia, estava dirigindo por uma estrada quando, subitamente, freou o carro. Ele explicou:

"Nem sei por quê. Senti um impulso repentino, como se tivesse a obrigação de sair da estrada e entrar no acostamento. Quase

118

SALMO 91 — O PROTETOR

no mesmo instante, vi um furgão vindo em velocidade alta na contramão. Teria acontecido uma colisão violenta se eu estivesse na pista. O motorista, embriagado, como eu soube depois, acabou saindo da estrada e chocou-se com uma árvore, morrendo na hora. Se eu estivesse na pista, também estaria morto."

Isso porque esse homem lê três vezes o Salmo 91 em voz alta todas as manhãs, antes de entrar no seu automóvel para ir ao trabalho. Ele é o salmo de proteção por excelência. Os anjos, o princípio orientador que existe no interior dessa pessoa, a sabedoria do seu subconsciente, impeliram-no a sair da estrada. O homem não rejeitou nem reprimiu a intuição; simplesmente a seguiu.

Sim, os "anjos" são o princípio orientador, a ideia que o ajuda no relacionamento com outras pessoas, na escolha de uma dieta, uma atividade ou um investimento financeiro. Diga sempre "A Infinita Inteligência me guia em todos os meus caminhos" ou "Deus está me guiando agora". Eles o farão esquecer os alimentos que lhe fazem mal, orientarão os médicos nos tratamentos e as mãos dos cirurgiões. Seu "anjo" também o levará a dizer as coisas certas nos momentos certos. Se está em dúvida sobre o que dizer a uma pessoa, fale: "O Espírito Eterno me revela as palavras adequadas para esta ocasião", e você sempre se sairá bem.

Quem invoca a proteção divina está livre dos males, das fraudes e das trapaças. Se um estelionatário tentar lhe aplicar um golpe, prometendo-lhe lucros absurdos, achando que você é ingênuo e que é capaz de enganá-lo facilmente, de lhe fazer uma verdadeira lavagem cerebral, uma intuição virá à sua mente sob a forma de um conhecimento silencioso de que tudo o que a pessoa está dizendo é falso. Se tudo é tão bom como ele diz, porque esse sujeito não faz o negócio para que ele mesmo ou sua família enriqueçam? Por que não investe no tal fundo que dá vinte por cento ao mês em juros?

AUMENTE O PODER DO SEU SUBCONSCIENTE
PARA VENCER O MEDO E A ANSIEDADE

Peça orientação, invoque um anjo para protegê-lo do mal. Anjos não têm aspecto humano nem asas. É a inteligência, a sabedoria e o poder que existem no seu subconsciente atendendo aos seus pedidos.

"Eles te sustentarão nas Suas mãos, para que não tropeces com o teu pé em pedra. Pisarás o leão e a cobra." O leão é o grande obstáculo, o problema insuperável que o aflige, que talvez seja uma doença supostamente incurável. Saiba que não existem doenças incuráveis, mas sim pessoas incuráveis. Algumas têm absoluta certeza de que seu mal não tem cura e, naturalmente, recebem de acordo com sua crença. A Bíblia conta que Daniel clamou por Deus ao ser colocado na cova dos leões. Pediu-Lhe que lhe mandasse um anjo, que chegou e fechou a boca dos animais famintos. O profeta afastou o pensamento dos leões e voltou-se para sua luz interna, a Suprema Inteligência, que sabe todas as respostas e conhece todas as saídas, todas as soluções para os mais complexos problemas. Você pode estar na cova, cercado por obstáculos e dificuldades, repetindo: "Quantas contas! Nunca conseguirei pagá-las!" Volte-se para a presença de Deus no seu interior, sem perder tempo pensando em contas, obstáculos e dificuldades. Não pense na soma que deve ou em quando vence o prazo. Vá direto à Fonte e diga:

Deus é a fonte do meu sustento, e todas minhas necessidades são atendidas em cada momento do tempo e ponto do espaço. A riqueza de Deus circula pela minha vida e sempre há muito mais do que eu preciso.

E acrescente:

Grande paz têm os que amam a Tua lei, e nada os maltratará. Tudo o que acontece é resultado da minha crença. Todas as coisas

120

SALMO 91 — O PROTETOR

estão prontas se a mente estiver preparada. Recebo de acordo com minha fé. Disse o Senhor: "Ele me invocará e Eu responderei; estarei com ele na angústia. Pô-lo-ei num alto retiro, porque conheceu Meu nome."

"O leão e a áspide." A áspide ou serpente significa um complexo, um medo interior, mas também pode representar distúrbios mentais, como dissociação e personalidade múltipla, que são males subjetivos, e também a esquizofrenia, a paranoia etc. O leão é feroz e impiedoso, mas enfrenta sua vítima cara a cara. A serpente, porém, escondida no mato, ataca quando ninguém espera.

Portanto, o leão e a serpente representam complexos, fobias ou casos de personalidade múltipla, em que três ou quatro pessoas parecem falar ao mesmo tempo ou em diferentes ocasiões. O que chamamos de complexo significa um grupo de pensamentos negativos, carregados de medo, ocultos nos recessos da mente subconsciente.

"Calcarás aos pés o filho do leão e a serpente." Isso significa que, quando você clama pela presença de Deus, o Divino Amor, a Divina Paz e a Divina Harmonia saturam sua mente e seu coração. O que é inferior está sujeito ao que é superior, e, à medida que o Divino satura sua mente, você começa a limpar a sujeira que se acumulou por muitos e muitos anos. O amor expulsa o ódio, a paz expulsa o sofrimento e a alegria expulsa a tristeza. Sim, o Divino Amor, a Divina Paz e o Milagroso Poder Criador vão direto às raízes dos problemas, e você encontra a redenção.

Atualmente, coloca-se muita ênfase nas fixações e compulsões do inconsciente. Elas podem ser vistas como representações do leão, da serpente e do dragão. "Calcarás sob seus pés" significa

AUMENTE O PODER DO SEU SUBCONSCIENTE
PARA VENCER O MEDO E A ANSIEDADE

entender que a presença de Deus dissolve tudo o que é ruim. Na verdade, o problema está na sua mente consciente, porque não há erro no subconsciente que não esteja sob o controle do consciente. Sim, os problemas estão no subconsciente, mas podem ser controlados e eliminados. Lembre-se sempre de que suas emoções estão sujeitas aos seus pensamentos. Até mesmo crenças falsas, que talvez tenham sido injetadas em sua mente quando você era criança, podem ser eliminadas agora mesmo pela mudança de opiniões. Comece a acreditar em um Deus de amor, na Única Presença, no Único Poder, com a plena certeza de que não existe mais do que o Um Poder, de que não existe o diabo, de que não existem chifres e patas fendidas.

Seu medo antigo resiste porque você ainda abriga uma filosofia que o sustenta. Se acredita na existência de um outro poder além do Infinito, certamente está cheio de problemas. Essa é raiz das fobias, das personalidades múltiplas, da esquizofrenia e de todos os distúrbios mentais. Se você desligar sua mente desse erro, cortará o tubo que alimenta as tendências neuróticas em sua mente subconsciente. A prece é o remédio perfeito que tudo cura, porque modifica sua consciência, que cria todas as coisas. Não dirija suas súplicas para um ser antropomórfico que está no alto das nuvens, pedindo a realização de um milagre. Remodele seus pensamentos. Existe um Único Poder, e Ele é espiritual. Ele é sua própria consciência. Entenda que Ele é soberano e supremo.

À medida que o amor, a luz e a glória do Infinito começarem a fluir e a envolvê-lo em transcendente beleza, você derrotará, destronará, exorcizará e expulsará todos os "demônios" que o atormentam. Estará pisando o leão e a cobra, esmagando o dragão sob seus pés. Que verdade magnífica!

SALMO 91 — O PROTETOR

"Porquanto que tão encarecidamente me amou, também Eu o livrarei; pô-lo-ei em retiro alto, porque conheceu Meu nome." O amor não é uma simples emoção, não é um sentimento unicamente humano. Quando você sintoniza com o Infinito, reconhecendo que Ele é o Todo-Poderoso, todo amor, luz, verdade e beleza, quando oferece sua lealdade a essa presença e poder, quando insiste na harmonia, que é seu desejo real, não aceita nada menos do que isso. Se insistir na harmonia, na saúde e na paz, dando toda a sua lealdade ao Único Poder, então poderá afirmar que ama a Deus. E Ele disse:

"Se me ama, siga Meus mandamentos." O simples fato de você orar e voltar-se para o Infinito ou reler esse salmo, entendendo seu significado mais profundo, indica amor e reconhecimento da presença Divina, aceitação do Único Poder. Sua mente está pura, porque você está se aliando à Suprema Inteligência e não acredita na existência de outros (falsos) poderes.

Quando você reconhece a natureza do Eterno, sua onipotência, seu amor sem limites, sua inteligência infinita e harmonia absoluta, reconhece seu nome. Como é o Todo-Poderoso, nada é capaz de desafiá-Lo. Com essa certeza, você é levado para um alto refúgio, ou seja, ficará acima das dificuldades e atribulações.

Conhecer não é sinônimo de uma compreensão intelectual, como seria conhecer as leis da química, da física e da matemática. Você estuda e compreende, sem nenhuma emoção especial. Um professor de aritmética ensina aos seus alunos: "Nove vezes nove são 81." Ora, ele sabe disso, tem o conhecimento. Se uma criança escreve "3 + 3 = 7", o professor o corrige, dizendo que são 6, com toda a certeza.

Da mesma forma, reconhecer a presença de Deus é saber, sem dúvida, que ela é suprema e onipotente, e que não existe um outro poder.

AUMENTE O PODER DO SEU SUBCONSCIENTE
PARA VENCER O MEDO E A ANSIEDADE

"Ele me invocará, e Eu lhe responderei; estarei com ele na angústia; dela o retirarei e o glorificarei. Fartá-lo-ei com longura de dias e lhe mostrarei a Minha salvação." Isso significa que, antes de invocar, de pedir alguma coisa, a resposta já está na Mente Divina, que tudo conhece. Deus é onisciente, tudo sabe e está sempre se renovando. Não importa se a pergunta se refere a um problema de matemática, astrofísica ou geologia, a Infinita Inteligência já tem a solução. Portanto, a atitude correta é contemplar essa solução com a firme certeza de que ela está pronta na mente de Deus e de que fluirá para você, que possui o conhecimento de que a natureza de Deus é atendê-lo. "Fartá-lo-ei com longura de dias." Essa frase não significa apenas que você terá uma vida longa, mas que sua vida será de paz, harmonia, sabedoria, alegria e compreensão. De que adianta viver até os 90 ou 100 anos se metade deles for passada em hospitais, sofrendo dores e limitações?

"A salvação" é a resposta aos seus problemas, sejam eles quais forem. Suas preces estão de acordo com a vontade divina quando são construtivas e pedem uma bênção para você mesmo e para os que o cercam, e não vão contra o Princípio Universal.

Uma ótima prece seria a seguinte:

Eu habito o esconderijo do Altíssimo e descanso à sombra do Onipotente. Enquanto contemplo Deus em Sua glória e Suas maravilhas, encontro proteção porque sei que o amor de Deus me cerca e me envolve, fazendo com que meu caminho seja sempre reto, belo e alegre. O Senhor, o Poder Espiritual, é soberano e supremo, é o Único Poder. Ele responde às minhas preces, meus pensamentos, sendo, portanto, meu refúgio e minha fortaleza. Esse Poder Espiritual me inspira, fortalece, cura — restaura minha mente e meu corpo. Ele é Deus, o Deus de amor, o Poder

SALMO 91 — O PROTETOR

Bondoso. Confio Nele inteiramente e sei que responde a mim com misericórdia, afeto, inspiração, alegria e beleza. Esse Poder Divino me cobre com Suas penas de amor, luz e paz. Rejeito totalmente os pensamentos negativos do mundo, a flecha que voa durante o dia. O amor de Deus dissolve todos os padrões de medo que estão em meu subconsciente, o terror da noite. Sei que estou seguro e protegido nas mãos invisíveis de Deus. Estou em constante sintonia com a mente de Deus, e tudo corre bem em minha vida. Estou completamente livre do temor de acidentes ou atividades hostis — a peste que anda na escuridão — porque tenho certeza de que estou imunizado pelo poder de Deus, de que recebi o divino anticorpo — a presença de Deus em meu coração. Os milhares de pensamentos e sugestões negativos do mundo são destruídos tanto consciente quanto inconscientemente, porque Deus conversa sempre comigo e me faz viver na alegre expectativa do que é o melhor para mim. Deus e seus mensageiros, seus anjos, que são as ideias, as intuições, os impulsos e as impressões que recebo da Mente Divina, protegem-me em todos os aspectos da minha vida. Gozo sempre da companhia de Deus.

Ao contemplar a Presença de Deus, você expulsa os complexos e os obstáculos de todos os tipos de sua existência. Sua salvação, ou solução, é revelada para você quando pensa no Infinito, na Sagrada Presença e no Único Poder, Causa e Substância. Quando você reconhece que a Presença Divina é o seu pastor, sua alma canta a canção da alma jubilosa que escolheu Deus como guia, conselheiro e orientador, e você se mantém sempre sob a sombra protetora do Altíssimo. Você jamais sofrerá carência de paz, harmonia e orientação no seu progresso. Sempre repousará em verdes pastos, porque Deus o está levando para a prosperidade de uma maneira

AUMENTE O PODER DO SEU SUBCONSCIENTE
PARA VENCER O MEDO E A ANSIEDADE

que você jamais poderia imaginar. Quando você confia plenamente em Deus, a paz infinita inunda sua mente e seu coração, e suas águas (emoções) serão sempre serenas. Sua mente reflete a luz e as verdades celestiais, e sua alma é restaurada. Pense na Sagrada Presença em seu interior durante todos os dias de sua vida, e você caminhará pela trilha das virtudes, por causa de sua devoção e atenção às eternas verdades de Deus. Você não teme mais nenhum mal, porque Deus não lhe deu o espírito do medo, mas o espírito do amor e do poder, e uma mente equilibrada.

A mesa do banquete de Deus está sempre posta à sua frente. Ela fica no esconderijo do Altíssimo, no qual você come e bebe as nutritivas verdades divinas, contemplando o pão da paz e o vinho da alegria. Diga: "Minha fé está em Deus e em tudo o que é bom. Creio na bondade de Deus aqui mesmo, na terra dos vivos. Acredito na proteção e na orientação de Deus, e em que Ele está me guiando agora." A carne que você come é a onipotência de Deus, o vinho que bebe é a essência da alegria, e o pão é o pão da paz, da harmonia e da satisfação. "O pão nosso de cada dia nos dai hoje."

A sabedoria de Deus unge o seu intelecto, é uma lâmpada que ilumina a sua jornada de vida. Sua mente mais profunda, seu "coração", é, na verdade, a câmara, o santo dos santos, que Deus habita. Ela está sempre transbordando de amor e alegria, e você, mentalmente, vive no refúgio do Altíssimo.

Entretanto, o perdão tem de acontecer dentro de seu coração e de sua mente para que você possa, de fato, desfrutar a paz e a harmonia divinas. Crie em você mesmo uma sensação de amor e boa vontade, em lugar de um clima de raiva, ódio ou rancor. Lembre-se de que sua atitude mental governa a sua experiência e mantenha sua mente límpida, equilibrada e serena, na expectativa do melhor. Quando você guarda ressentimento contra alguma pessoa, está

SALMO 91 — O PROTETOR

concedendo poder a ela, e isso só servirá para magoá-lo. Se tiver problemas, volte-se para a presença de Deus, que é seu refúgio e fortaleza, a fonte de todas as bênçãos. Não olhe para ninguém esperando por uma opinião ou orientação, ou acreditando que está sendo prejudicado por uma pessoa qualquer. Acredite na realidade da presença e do poder e prepare-se para ceifar uma colheita rica de amor, saúde, felicidade, paz, abundância e segurança.

Por que ter ciúme ou inveja de alguém quando você pode ir diretamente à fonte de tudo o que há na vida? Onde essa pessoa obteve seu emprego, sua posição social, os bens que possui? Ligue-se com Deus e peça o que quiser, e Ele, que não faz distinção entre pessoas, também responderá a você. Lembre-se: "Ele me invocará e Eu responderei. Estarei com ele na angústia e livrá-lo-ei." Sim, a Infinita Sabedoria também o livrará da pobreza, da doença, da confusão e das contendas. Se estiver perdido em uma floresta ou em um navio à deriva, ela lhe mostrará o caminho. Perdoar, portanto, é mudar o modo de pensar, é perdoar-se e manter a decisão de mudar.

Se houver algum tipo de raiva reprimida, rancor, complexo ou veneno no seu subconsciente, que são o leão e a serpente do salmo, entregue a pessoa envolvida a Deus. Por exemplo, se você guarda ressentimento contra um ex-cônjuge, diga: "Entrego Fulano(a) completamente a Deus. A paz de Deus enche seu coração. Ele(a) é inspirado(a) e abençoado(a) em todos os seus caminhos. Sempre que pensar nele(a), eu declararei: 'Eu o liberto; Deus esteja com você'." Depois de algum tempo, quando se encontrar com essa pessoa em sua mente, você se sentirá em paz.

Se você ferve de raiva por causa de algo que alguém lhe fez há pouco tempo, ou quando uma pessoa, parente ou não, vem à sua mente, está diante da serpente que o ameaça com um bote. Ela

AUMENTE O PODER DO SEU SUBCONSCIENTE
PARA VENCER O MEDO E A ANSIEDADE

pode se manifestar sob a forma de um tumor ou problema mental. Para calcá-la sob seus pés, encha sua mente de amor e compreensão. Diga, por exemplo: "O amor de Deus preenche minha alma. Entrego essa pessoa a Deus. Desejo para ela saúde, felicidade, paz e todas as bênçãos da vida material." Além disso, saiba que maravilhas acontecerão em sua vida, porque a pessoa, na verdade, não está lá fora e não é mais do que uma imagem-pensamento em sua mente. Ela talvez o esteja intimidando, ameaçando, roubando sua vitalidade, seu entusiasmo e sua energia, transformando-o em uma ruína física e mental, e é só você quem se magoa. A verdadeira pessoa pode estar em um cruzeiro pelas ilhas gregas, dançando sob a luz das estrelas, feliz da vida, enquanto você se afunda na depressão. Pense nas palavras do Salmo: "Direi do Senhor: Ele é meu Deus, o meu refúgio, a minha fortaleza, e Nele confiarei. Porque Ele te livrará do laço do passarinheiro e da peste perniciosa". Convença-se de que Ele o livrará de toda a negatividade, porque mora e conversa com você em seu coração.

Conscientize-se de que Deus é o seu piloto e, que com seu auxílio, você jamais ficará à deriva. Muitos comandantes de navios e aviões me contam que, na hora da turbulência, nas tempestades, eles oram a Deus dizendo algo como:

O Senhor é meu piloto. Eu não ficarei à deriva. Ele me guia mansamente a águas tranquilas, orienta-me nos canais profundos. Ele me orienta por meio das estrelas sagradas. Apesar de eu navegar na vida por entre trovões e tempestades, não temerei nenhum perigo, porque Ele está comigo. O amor e os cuidados Dele me protegem. Sei que preparou para mim um porto seguro na pátria da eternidade. Ele unge as águas e os ventos para que minha embarcação avance calmamente, até descansar no porto divino.

SALMO 91 — O PROTETOR

Os anjos também cuidam de você. Eles não o deixarão tropeçar nas pedras do caminho áspero da existência, não permitirão que você tome decisões erradas e o estarão protegendo, quer você viaje de ônibus, quer viaje de automóvel, de trem, de avião, de ônibus ou mesmo a pé, porque todas as ruas, avenidas e rodovias que você percorre são controladas por Deus, e você receberá ideias, impulsos, premonições e lampejos de iluminação para escapar das adversidades, de modo a impedi-lo de cometer erros.

Sature sua mente com esse salmo entremeado com o Salmo 23. Conscientize-se de que o círculo do amor está sempre em torno de você, observando-o, sustentando-o e fortalecendo-o. O Senhor é sua luz e salvação; quem você deverá temer? Esse é o Senhor descrito no Salmo 91, o Poder, Presença Divina, que é sempre o seu refúgio. Volte-se para Ele.

Extraia de mim e Eu extrairei de você. Eu amo os que me amam. Os que cedo me procuram, cedo me encontrarão. Veja Minhas obras, clame por Meu auxílio. Um coração alegre faz bem como um bom remédio, mas um espírito abalado seca os ossos.

Você está sempre alegre, sempre ativo, sempre pleno de energia. Está sempre transmitindo as ideias de Deus, porque clama continuamente por Sua presença, e Ele sempre responde, dando-lhe as palavras certas para cada ocasião. Está inspirando-o, guiando-o, revelando-lhe as verdades que não conhecia antes. Está livrando-o de todos os tipos de problema. Está honrando-o, exaltando-o, porque você está aqui para crescer, para expandir. Você está sempre alegre, sempre ativo, sempre pleno de energia. Você está transmitindo as ideias de Deus para os outros e dando-lhes paz, alegria e felicidade. Na presença Dele, está a plenitude da alegria, pois não

AUMENTE O PODER DO SEU SUBCONSCIENTE
PARA VENCER O MEDO E A ANSIEDADE

há trevas Nele. Minha paz eu deixo; minha paz eu lhe dou. Não como a paz oferecida pelo mundo, mas aquela que levo até você. Até agora você nada pediu, agora peça para que sua alegria seja plena. Eu lhe digo isso, para que minha alegria possa permanecer em você e sua alegria seja plena.

Portanto, a alegria do Senhor é sua força. A alegria do Senhor também é sua força. Você está sempre satisfeito, alegre, livre, cheio de felicidade. Você tem domínio de todas as coisas em seu mundo. Você percebe e sente sua unidade com Deus, com a vida, com o universo, com todas as coisas. Você medita sobre coisas verdadeiras, belas, maravilhosas, semelhantes a Deus. Conscientize-se de que você é um filho de Deus, e os filhos de Deus gritaram de alegria. Acima de tudo, conscientize-se agora mesmo de que você está habitando o refúgio do Altíssimo e que habita sob a sombra do Todo-Poderoso. Você está sempre sendo observado e cuidado pela Presença, porque está pensando em Deus. Pensar em Deus é a maior prece que existe no mundo, pois Deus é o Infinito, a Única Presença, o Único Poder, a Única Causa, a Única Substância, o Eterno, O Que Tudo Sabe, O Que Sempre Se Renova. O contato é feito por meio do seu pensamento — quando seus pensamentos são os pensamentos de Deus, o poder de Deus está nos seus pensamentos. Então, nenhum mal o surpreenderá, nenhuma pestilência entrará em sua casa. Uma maravilhosa verdade — o que está prometido na Bíblia é uma lei, e a lei jamais muda. Foi a mesma ontem e será a mesma amanhã. Então, você poderá dizer do Senhor: "Ele é o meu refúgio, minha fortaleza, meu Deus, em quem confio." Suas expectativas vêm Dele, que lhe dá toda a vida, a respiração, tudo. Onde está sua confiança agora, no dia de hoje? Está na lei do Senhor? É sobre essa lei que você tem de meditar dia e noite. Portanto, sua confiança deve

SALMO 91 — O PROTETOR

estar em Deus, na bondade de Deus no mundo dos vivos, na orientação de Deus, na abundância de Deus, no amor de Deus, na paz de Deus, na justiça do Infinito. É lá em que sua fé está, é lá em que sua confiança está. Ele jamais falha. Ele o cobrirá com Suas penas e sob Suas asas repousará. A verdade de Deus será seu escudo e armadura. Seja onde estiver, para onde quer que vá, você terá uma vida encantada, pois a mágica de Deus está sempre o envolvendo, e o amor de Deus o cerca, o envolve e o cobre. Deus anda e fala dentro de você.

Sature sua mente com esse Salmo 23 e você será sempre ativo, alegre e cheio de energia, e estará continuamente transmitindo as ideias de Deus para os que o cercam, recebendo Dele as palavras certas para todas as ocasiões. A Infinita Sabedoria o está inspirando, orientando, revelando-lhe verdades que você nem imaginava existirem e livrando-o de todos os tipos de problema. Você estará sempre protegido pela Presença porque está constantemente pensando em Deus, que é a prece mais poderosa que há neste mundo, e Ele o cobrirá com Suas penas e você descansará sob Suas asas.

Não importa qual seja o problema, qual seja a dificuldade, você pedirá e Ele lhe responderá. Ficará com você nas horas da adversidade, livrando-o e honrando-o. Ele o presenteará com uma vida longa e lhe mostrará a solução de todos os problemas, mostrará sua salvação.

Portanto, pense na presença de Deus. Habite o seu esconderijo. Contemple o Eterno, O Que Tudo Sabe, O Que Sempre Se Renova, Aquele que é sempre o mesmo no âmago do seu ser, eterno, único, inteiro, completo, perfeito, indivisível, infinito, imutável, sem rosto, forma ou figura — a silenciosa e tranquila Única Presença que habita o coração de todas as pessoas.

AUMENTE O PODER DO SEU SUBCONSCIENTE PARA VENCER O MEDO E A ANSIEDADE

Resumo do capítulo

- Quando você sentir medo ou preocupação, leia o Salmo 91 muitas vezes e em voz alta, vagarosamente, pensando em cada frase, e o medo se dissolverá.

- Tome consciência de que o amor de Deus o envolve e interpenetra, criando uma fortaleza inexpugnável em seu interior, que é o esconderijo do Altíssimo, em que você encontra refúgio quando contempla a presença de Deus que habita seu coração.

- Afirme com frequência: "Sou inspirado pelo Altíssimo. Deus me ama e me protege, porque está escrito que Ele cuida de mim." Se você afirmar muitas vezes que Deus é a Única Presença, Poder, Causa e Substância que constantemente o governa, orienta e sustenta, logo Ele se tornará seu Senhor, seu Mestre, sua convicção dominante, que suplantará todas as outras em seu subconsciente.

- Quando você enche sua mente com as verdades eternas de Deus, expulsa tudo o que é diferente do Eterno. Seus pensamentos espiritualizados têm a capacidade de destruir milhares de ideias negativas embutidas em seu subconsciente.

- O amor expulsa o ódio, a paz expulsa o sofrimento e a alegria expulsa a tristeza. O amor, a paz e o milagroso poder de cura do Todo-Poderoso vão diretamente às raízes dos seus problemas, e você experimenta a redenção.

- A sabedoria de Deus unge o seu intelecto, é uma lâmpada que ilumina sua jornada pela estrada da vida. Seu coração (a taça) é a câmara na qual está a presença de Deus, e ela transborda de paz e alegria. Você habita mentalmente a bondade, a beleza e a verdade, e, portanto, está sempre protegido.

Capítulo 7
"Por que aconteceu comigo?"

Quando a vida não é a que foi planejada, quando o infortúnio acontece, quando alguém não recebe as cartas que gostaria de jogar, ouvimos frequentemente a queixa: "Por que isso aconteceu comigo?" Não existe uma resposta fácil para ela.

Para o ser humano aceitar as provas e atribulações da vida, é preciso pensar os pensamentos de Deus, pensar de uma maneira nova, pensar nas verdades divinas e nos eternos princípios da vida, da mesma maneira como os matemáticos pensam nos princípios da matemática, os navegadores pensam nos princípios da navegação, entre outros exemplos.

A sua mente também tem seus princípios — princípio de harmonia, e não de discórdia; princípio de beleza, e não de feiura; princípio de alegria, e não de tristeza; princípio de amor, e não de ódio; princípio de plenitude e perfeição, e não de doença. Se, por exemplo, houvesse um princípio de enfermidade, ninguém no mundo jamais seria curado de modo a voltar a uma vida normal.

Muitas pessoas não pensam. Aliás, milhões de pessoas não pensam — elas acreditam que pensam. O verdadeiro ato de pensar (falando de coisas construtivas) é completamente livre do medo, porque o medo é baseado na crença de que as exterioridades são causativas, quando, na verdade, elas são o efeito, e não a causa. Portanto, você deve se lembrar de que, se não pensarmos por nós mesmos, alguém o fará por nós. Se você não escolhe seu próprio estado de espírito, quem se encarregará dessa escolha? Os jornais diários? Os noticiários de rádio e televisão? A mente da massa? Todos nós estamos imersos na mente da massa, o grande oceano psíquico, que nos mantém em comunicação telepática uns com os outros, de maneira que todos os seres humanos são extensões de nós mesmos.

Portanto, se você não se empenhar em pensar de maneira construtiva, harmoniosa e pacífica, a mente mundial, a mente da massa pensará por você. A mente da massa acredita em tragédias, infelicidades, doenças e acidentes, tem prazer em pensar em ódio, assassinatos e em todas as espécies de crime. Você gostaria de ter esses tipos de pensamento no seu interior?

Isso é o que acontece se você não se encarrega dos seus próprios pensamentos. As vibrações negativas ou os pensamentos da mente da massa são absorvidos por você, que atua como se fosse uma esponja, e atingem um ponto tal de saturação que acabam se precipitando sob a forma de acidentes, infortúnios, doenças e epidemias. Tragédias acontecem diariamente. Em algum lugar, estão ocorrendo explosões em minas, acidentes de avião, descarrilamento de trens, inundações etc., e esses acontecimentos não são castigos para os maus.

Para evitarmos as vibrações negativas, precisamos estar sempre em dia com nossas preces, enchendo constantemente a mente com o amor e as verdades de Deus, que expulsam dela tudo o que é diferente do divino. A Bíblia ensina: "Tudo o que o homem semeia, ele ceifará." Isso significa que, se plantarmos pensamentos de paz, harmonia, saúde, beleza e prosperidade, teremos uma colheita de coisas boas, e se semearmos pensamentos de doença, tristeza, carência, lutas e limitação, não conseguiremos colher coisas diferentes dessas. Devemos nos lembrar constantemente

"POR QUE ACONTECEU COMIGO?"

de que nossa mente subconsciente é como o solo fértil que fará germinar e crescer qualquer tipo de semente que plantarmos nela. Semeamos pensamentos quando acreditamos sinceramente neles, porque qualquer ideia que sua mente racional aceite e acredite como sendo verdade, falsa ou verdadeira de fato, é gravada no subconsciente, que fará com que ela se materialize em sua vida.

O verdadeiro ato de pensar é completamente livre de medo, preocupação e ansiedade, porque você age a partir do Centro Divino que existe em seu interior. Quando seus pensamentos são pensamentos de Deus, o Poder Divino ativa essas ideias boas e construtivas. Muitas pessoas não se preocupam em orar e recebem o que a "vida manda", como afirmam erroneamente, porque aceitam o que a soma das mentes de todos os seres humanos, ou a mente da massa, transmite-lhes. Não se dão ao trabalho de limpar sua mente, e ninguém tem capacidade de fazer isso por eles. O que acontece com uma casa quando seu morador se afasta por alguns meses e não cuida dela? Poeira, mofo, ratos, pulgas e baratas tomam conta do ambiente, a tinta das paredes começa a descascar; tudo de errado acontece com ela porque ninguém reside ali, ninguém vive ali. Devemos higienizar a mente da mesma maneira que limpamos nosso corpo e nossa casa. Essa faxina precisa ser feita regularmente, de modo a abrirmos lugar para os pensamentos bons e construtivos.

Um capelão que trabalha em um hospital no estado de Massachusetts, nos Estados Unidos, contou-me que é comum ouvir pacientes se lamentarem, dizendo que não compreendem por que adoeceram ou se acidentaram, apesar de frequentarem regularmente suas igrejas, fazerem caridade e tratarem seu próximo com gentileza e bondade. "Por que isso aconteceu comigo? Por que Deus está me castigando?"

AUMENTE O PODER DO SEU SUBCONSCIENTE
PARA VENCER O MEDO E A ANSIEDADE

Ora, a lei da vida é a lei da crença. Em que você acredita? Acreditar é aceitar algo como verdade, é sentir que está vivo por algum motivo. Devemos acreditar na bondade de Deus em qualquer circunstância e viver na alegre expectativa de que receberemos o que for melhor para nós. Devemos crer na orientação de Deus, na sua harmonia e no seu poder curativo para nos tornarmos íntegros, puros, relaxados e perfeitos.

Aquele senhor relatou que, em muitos casos, orava com os pacientes para ajudá-los a mudar suas crenças, incentivando-os a entender que eram pessoas espirituais e que, modificando sua maneira de pensar, modificariam seu organismo. Seria de extrema importância pararem de conceder poder às doenças no seu pensamento. Para isso, escreveu uma pequena prece para eles, instruindo-os a lê-la sempre que pudessem, prestando muita atenção às palavras para entenderem com nitidez o que estavam fazendo e por que o faziam:

A Infinita Presença Curadora está fluindo através de mim como harmonia, saúde, paz, plenitude e perfeição. O amor curador de Deus habita cada célula do meu ser. Por isso, estou me transformando em uma pessoa relaxada, tranquila, pura e perfeita.

Como resultado desse exercício mental, muitos pacientes se recuperaram quase por milagre. A lei da vida é a lei da crença; a lei de Deus é perfeita. Ninguém pode pensar uma coisa e produzir outra. Os problemas de qualquer tipo que afligem o ser humano são o sistema de alarme da natureza, que nos avisa que estamos pensando na direção errada. Nada, senão a mudança do pensamento, pode nos libertar.

"POR QUE ACONTECEU COMIGO?"

A lei de causa e efeito está em constante atuação, e nada acontece ao ser humano sem sua participação e seu consentimento mental. Entretanto, não é preciso pensar em um acidente para que ele aconteça. Quantas vezes você já viu um veículo descer por uma rua em disparada, atravessar faróis vermelhos, ir de uma pista para outra, como se o motorista estivesse embriagado? Essa pessoa com certeza não estava pensando em um acidente, mas havia uma mente atrás do volante, talvez perturbada, cheia de emoções disparatadas.

A agência governamental estadunidense responsável pela segurança no trabalho investigou as causas de acidentes em indústrias e preocupou-se, principalmente, com as empresas nas quais os acidentes ocorriam com mais frequência. Além dos estudos feitos pelo departamento de engenharia, que examinou as instalações em busca de causas físicas, uma equipe de técnicos em segurança com treinamento em psicologia entrevistou todos os trabalhadores, e não apenas os feridos. É comum descobrirem que, por trás dos acidentes, havia pessoas emocionalmente instáveis, como chefes e supervisores exigentes e dominadores, criando um ambiente de raiva, ressentimento e pensamentos negativos, que acabava por resultar em falta de atenção e de cuidado.

Os infortúnios, acidentes e tragédias são sinais de distúrbios emocionais e mentais que se concretizaram. Devemos treinar nossa mente para pensar de uma nova maneira, voltando-nos para Deus, e alinhar nossos pensamentos e imagens mentais com o amor, a verdade e a beleza. Assim agindo, tornamo-nos canais para o Divino.

Aquiete sua mente várias vezes ao dia e afirme calmamente, com certeza e serenidade:

AUMENTE O PODER DO SEU SUBCONSCIENTE
PARA VENCER O MEDO E A ANSIEDADE

Deus flui dentro de mim como harmonia, saúde, paz, alegria, plenitude e perfeição. Deus conversa comigo no meu interior. Sua presença me protege, criando um verdadeiro manto encantado que impede a entrada de qualquer mal. A Sabedoria Divina me orienta em todos os caminhos, e a Divina Ação Correta prevalece. Minha estrada de vida é sempre reta e pacífica. Estou constantemente vestido com a couraça criada pelo amor de Deus e dentro do círculo sagrado de sua eterna proteção.

Ao refletir sobre essas verdades, você estabelece modelos de ordem divina em seu subconsciente, e eles se expressarão na tela do espaço e se materializarão em sua vida.

É importante saber como funciona nosso eu subjetivo. Um dos corolários da grande lei da sugestão é: "Tudo o que sugerimos aos outros estamos sugerindo a nós mesmos". Isso acontece porque você é o único pensador que existe em sua mente, e tudo o que deseja para os outros é primeiramente criado em seu subconsciente, e fica em você. Sim, você está sempre sob a lei do seu próprio pensamento. Em outras palavras, jamais deseje o mal para qualquer pessoa do universo. Abençoe mesmo os que o magoaram.

Irradie amor, paz e boa vontade a todos. Jamais julgue, porque estará julgando você mesmo. Muitos indivíduos têm doenças, sofrem acidentes e infortúnios porque não pensam de maneira construtiva, permitindo que a mente da massa ou da mediocridade os governe. Eles não são pessoas más, mas recusam-se a pensar por si mesmos, não oram e não tentam neutralizar os pensamentos que vêm de fora. Com isso, recebem tantas informações que sua consciência atinge um ponto de saturação, e a massa de pensamentos negativos se precipita sob a forma de acidentes, doenças súbitas, como infarto ou derrame, e calamidades e tragédias, como

"POR QUE ACONTECEU COMIGO?"

terremotos ou inundações. A verdade é que a grande maioria dos seres humanos não pensa. Ela pensa que pensa.

Você está pensando quando consegue diferençar entre o que é falso e o que é verdadeiro. Pensar é escolher, é usufruir nossa capacidade humana de dizer sim ou não. Ao longo do dia, pergunte-se muitas vezes: "Estou pensando de maneira construtiva, harmoniosa e pacífica?" Lembre-se de que você é o que pensa o dia inteiro, porque colhemos o que semeamos em nosso subconsciente. Você está pensando quando sabe que existe uma Infinita Inteligência que reage às suas ideias e imagens mentais e que, seja qual for o problema, enquanto você contempla uma solução divina e um final feliz, ela já está lhe respondendo e lhe revelando o plano perfeito que lhe permitirá atingir seu objetivo.

Já falei sobre o que acontece com uma residência que fica fechada e esquecida por um bom período de tempo. Sua mente é uma casa, e ela precisa ser constantemente arejada e iluminada pela oração. Habitue-se a ler todas as manhãs e todas as noites os Salmos 91, 23, 37, 46 e 1º, que trazem as verdades maravilhosas de Deus e promovem uma limpeza, expulsando as ideias negativas e as impressões de outras pessoas que você captou enquanto entrava em contato com elas.

Muitas pessoas vêm me consultar pedindo orientação para lidar com problemas de saúde. Algumas estão com enfermidades graves, outras têm males triviais. Em ambos os casos, eu deixo explícito que não sou médico nem "curandeiro" e insisto que procurem auxílio profissional. Entretanto, às vezes, descubro que o verdadeiro problema não é médico, mas espiritual.

Um dos casos mais marcantes com que deparei foi o de uma mulher que há anos sofria uma série de doenças. Depois de fazer um relato abreviado dos seus males, ela afirmou:

AUMENTE O PODER DO SEU SUBCONSCIENTE
PARA VENCER O MEDO E A ANSIEDADE

"Foi Deus que quis assim. Sou uma pecadora, e Ele está me castigando."

Ela prosseguiu contando que, havia algum tempo, fora se consultar com um hipnotizador que captava os acontecimentos de vidas passadas e que ele atribuiu suas enfermidades aos acontecimentos de uma existência anterior, na qual fora uma pessoa má que prejudicara e matara muita gente. Como não havia sido castigada nessa outra encarnação, agora estava pagando pelos pecados do passado Um monte de bobagens, é óbvio, que só serviu para piorar a situação.

Eu lhe expliquei que Deus, o Único Poder, é um Deus de amor e não quer o mal para seus filhos. Entretanto, se alguém crê que está sendo castigado por Ele, receberá o resultado dessa crença, colherá as sementes que plantou. Na realidade, porém, essa criatura está punindo a si própria.

Essa senhora estava procurando desculpas e justificativas para seu sofrimento e olhava para fora de si mesma, porque não tinha sido ensinada a se conscientizar de que a fonte da doença estava na sua mente mais profunda, pois o corpo só expressa o que está moldado no subconsciente.

Pedi-lhe para se interiorizar e procurar descobrir se havia algo em seu passado que lhe tivesse causado um profundo sentimento de culpa. Depois de pensar por alguns minutos, ela me confessou que tivera um caso com um homem casado, algo que ia contra todos os seus princípios e que a fazia imaginar que iria ter de pagar por esse erro. A culpa gera medo e apreensão, e, com o medo, vem o castigo. A culpa é a maldição das maldições, talvez a mais destrutiva de todas as emoções e, por ser destrutiva, não encontra uma válvula de escape construtiva. Essas emoções se enroscam no subconsciente e se materializam como enfermidades de todos os

"POR QUE ACONTECEU COMIGO?"

tipos. Sim, era esse remorso não resolvido o ferimento psíquico que causava suas doenças. Eu, então, a ajudei a se conscientizar de que não era Deus, mas ela mesma que a estava punindo por meio dos seus pensamentos. Minha explicação foi a cura. Eu lhe dei uma pequena prece que ela deveria ler por vinte minutos, várias vezes por dia, e logo ela se perdoou do seu "grave pecado" e voltou a ter uma vida plena, saudável e produtiva. Ela repetia constante e regularmente:

O amor curativo de Deus satura minha alma, e eu me perdoo por abrigar pensamentos negativos e destrutivos em meu coração.

Não existe sofrimento pior do que o causado por uma consciência culpada e, certamente, nenhum é tão destrutivo. Quando essa mulher deixou de se condenar e começou a afirmar que a presença curadora de Deus estava ocupando cada célula do seu organismo, suas doenças desapareceram. Por isso, quando você orar, perdoe. Mas perdoe primeiramente a você mesmo, porque ninguém pode dar o que não tem. Quando essa senhora decidiu se perdoar, o amor curativo de Deus a fez recuperar a saúde.

Antigamente, pensamentos e sentimentos eram atribuídos ao coração, mas hoje sabemos que eles vêm da mente subconsciente. Toda ideia sentida como verdade penetra no subconsciente, e são suas hipóteses, crenças e convicções subconscientes que controlam todas as suas ações. As crenças subconscientes impelem, impulsionam e compelem, e seus pensamentos e sentimentos criam seu destino.

Não importa por quanto tempo você esteve usando sua mente de maneira negativa e destrutiva; no instante em que o fizer da maneira certa, os resultados corretos começarão a aparecer. Esqueça

AUMENTE O PODER DO SEU SUBCONSCIENTE
PARA VENCER O MEDO E A ANSIEDADE

o passado, avance para ganhar seu prêmio, que, naturalmente, é saúde, felicidade, paz de espírito, alegria e todas as boas coisas da vida. Se você pensa no bem, o bem virá; pense no mal, e o mal virá. No instante em que você entroniza em sua mente as ideias dignas do Todo-Poderoso e as verdades eternas, seu coração torna--se o cálice que recebe o amor de Deus, e coração e cérebro se unem em uma harmonia divina. Então, todos os seus caminhos serão planos e pacíficos.

Nada acontece por acaso. Vivemos em um universo de lei e ordem e, portanto, tudo acontece de acordo com a lei de causa e efeito. Existe uma causa por trás de cada acontecimento. Como não vemos essa causa, atribuímos o acontecido a "acaso", "coincidência" ou "acidente".

Charles R. temia estar perdendo a visão e foi consultar um oftalmologista, que lhe garantiu que não havia uma causa física para seu problema e que ele não apresentava nenhum sintoma de algo que poderia resultar em cegueira. Exames mais especializados mostraram que não havia nenhum indício físico de cegueira incipiente, mas Charles garantia que sua visão diminuía progressivamente.

Ele veio me procurar e tivemos várias conversas. Em todas elas, ele se queixou da sogra, que morava em sua casa e parecia ser uma pessoa particularmente difícil. Em uma ocasião, exclamou com veemência:

"Não aguento mais ver essa mulher na minha frente!"

Ficou nítido que Charles estava cheio de raiva reprimida, e seu corpo emocional, que não suportava mais tanta tensão, escolheu os olhos como válvula de escape. Quando lhe expliquei o que havia detectado, ele se mostrou surpreso ao saber que emoções negativas persistentes se introduzem na mente subconsciente e chegam a criar um sintoma físico, e que, por serem negativas, determinam uma saída negativa.

142

"POR QUE ACONTECEU COMIGO?"

Atualmente, médicos e outros profissionais da saúde sabem que fatores psíquicos têm um papel de destaque em todos os tipos de doença. Aceitam que a doença é a falta de paz, equilíbrio e serenidade, e que é impossível uma mente saudável conviver com um corpo enfermo. Nada acontece no organismo se não houver um equivalente mental no subconsciente. No caso de Charles, as reações emocionais estavam fazendo os músculos involuntários do globo ocular se contrair de maneira desencontrada, modificando a forma do olho e, por consequência, os raios luminosos não atingiam a retina da maneira correta. Uma pesquisa cuidadosa dos aspectos mentais e emocionais envolvidos em um determinado problema, e não apenas a simples focalização na enfermidade, pode revelar o fator emocional básico, o motivo que está fazendo o subconsciente escolher um órgão como bode expiatório.

Charles repetidamente dava ordens negativas ao seu subconsciente, que eram gravadas com a emoção profunda da raiva; "Odeio até olhar para aquela mulher", "Não suporto mais vê-la na minha frente". Eu lhe expliquei que sua mente estava aceitando essas instruções no sentido literal, pois ela não julga ou contesta as instruções vindas da mente racional, e, por isso, estava causando a perda da visão. Então, ele e a mulher concordaram que seria melhor para todos se a sogra fosse morar em outro lugar. Providenciaram sua mudança para uma boa casa de repouso, em um bairro próximo de sua casa.

Entretanto, a simples mudança não resolveria o problema por completo. Charles teria de eliminar de sua mente o ódio pela sogra. Instruí-o a orar por ela, entregando-a a Deus e desejando que recebesse todas as bênçãos do céu. Dei-lhe uma prece muito simples:

AUMENTE O PODER DO SEU SUBCONSCIENTE
PARA VENCER O MEDO E A ANSIEDADE

Entrego minha sogra (dizendo seu nome) a Deus com todo o meu coração. Eu irradio amor, paz e boa vontade para ela e desejo que receba todas as bênçãos do céu. Estou sendo sincero. Declaro que desejo ver meus pensamentos realizados e sei que a luz de Deus a iluminará em todos os seus caminhos.

Como de hábito, pedi que repetisse essas afirmações várias vezes ao dia e expliquei que, no dia em que conseguisse ver a sogra em sua mente sem sentir nenhuma pontada de raiva ou irritação, saberia que já havia perdoado e aceitado a mulher. Sua visão foi melhorando pouco a pouco, e algum tempo, depois estava totalmente restaurada.

Ninguém pode fugir ou se desviar da lei da mente. Você transforma em realidade aquilo em que acredita. Muitas vezes, a carência é resultado de ignorância, indiferença e apatia. É comum que as pessoas atribuam seus males ao frio ou calor, à poluição, a alimentos, a entidades malignas etc. Séculos atrás, quando foram estabelecidas as linhas de navegação de longa distância, os marinheiros dos veleiros eram vítimas do escorbuto, causado pela ausência de vitaminas na alimentação, mas atribuíam a doença à ingestão de carne salgada e bolachas de má qualidade. Certo dia, um cientista instruiu a Marinha a adicionar limões e outras frutas cítricas, ricas em vitamina C, à comida servida habitualmente nos navios. O mal foi sanado. Esse foi um caso explícito de ignorância e indiferença que criou um verdadeiro vácuo na mente, porque todos os países em que aportavam durante essas viagens tinham uma abundância de laranjas, maçãs, limas e limões, mas as frutas frescas não eram embarcadas por causa da tradição, que mandava que os marinheiros comessem carnes, peixes salgados e pão grosseiro.

"POR QUE ACONTECEU COMIGO?"

A maioria de nós não duvida que um vírus invisível possa causar doenças, mas nem sempre acreditamos na Invisível Presença e no Invisível Poder chamado Deus que nos criou, como criou tudo o que existe neste planeta. Ninguém como Ele conhece nosso organismo e as leis que o regem.

Todavia, poluímos o ar com ideias estranhas e doutrinas falsas. Por exemplo, se acreditarmos firmemente que ficar perto de um ventilador ligado resulta em um resfriado ou torcicolo, é o que nos acontecerá. Ora, milhões de pessoas ficam próximas de ventiladores no mundo inteiro e elas não pegam um resfriado, nem ganham um torcicolo por agir dessa maneira. Milhões de pessoas molham os pés e não ficam com gripe, milhões saem à noite e não adoecem por causa do sereno. Talvez fosse costume de sua mãe dizer que, se você tomasse água gelada, ficaria con. dor de garganta, mas tenho certeza absoluta de que a água gelada jamais disse que lhe daria uma dor de garganta.

Portanto, o ventilador é inofensivo, e a água gelada também. Você deve ter fé na presença do Espírito Invisível que flui pelo seu organismo como saúde, paz e harmonia e, como esse Espírito é Deus e Deus não adoece, você também não adoecerá. Diz a Bíblia: "Em verdade, sois deuses porque todos vós sois filhos do Altíssimo." Acredite nisso; acredite que você é um filho do Deus Vivo, e sua realidade será plena de saúde.

Na Bíblia, o diabo é sinônimo de ignorância e de falta de compreensão das leis da natureza e significa um falso conceito de Deus, da vida e do universo, um conceito distorcido do Deus de amor. Não existe nenhum ser com chifres, patas e rabo de animal; essa imagem mental vem de nossa imaginação distorcida porque, como o ser humano não quer admitir que o mal esteja dentro dele, que é o responsável pelo que faz de errado, inventa

AUMENTE O PODER DO SEU SUBCONSCIENTE
PARA VENCER O MEDO E A ANSIEDADE

uma causa externa, uma criatura, nesse caso, a quem possa culpar pelos seus infortúnios. Muitas pessoas, além de atribuírem seus males às mudanças de clima, ao vento, à chuva, acreditam que podem ser afetadas pelo ocultismo ou por vodu. "Alguém fez um trabalho para eu adoecer", queixam-se tolamente. Nenhuma pessoa tem poder maior do que o seu, porque Deus está em você e, se Ele é por você, quem poderá ser contra você? Deus é onipresente, o que significa que Ele está presente em todos os cantos deste mundo, inclusive dentro de você. Se não fosse assim, a palavra "onipresente" não se aplicaria a Ele.

Conscientize-se, portanto, de que o Todo-Poderoso está sempre o orientando e que existe um modo correto de agir em sua vida. Leia constantemente o Salmo 91 (ver Capítulo 6), medite sobre ele e você entenderá que habita o esconderijo do Altíssimo e a sombra do Onipotente. E dirá: "Ele é meu Deus, meu refúgio e minha fortaleza, e Nele confiarei."

A falsa ideia de uma personificação do mal é chamada de diabo, satã, maligno etc., mas os demônios que realmente nos perseguem são inimizade, contendas e ódio, diabos criados por nós mesmos, que chegam a levar algumas pessoas à loucura, o que não é de admirar, pois isso equivale a deixar bandidos tomarem conta de sua mente. Quem não acredita em um Deus de amor dá espaço para a criação de um diabo interior, a fonte de dores, enfermidades e infortúnios.

Deus, o Espírito Vivo Todo-Poderoso, não julga nem castiga. O bem e o mal são movimentos da própria mente. Nada mais equivocado do que crer que Deus deseja nos castigar e que podemos ser tentados por um demônio. Nosso estado de conscientização, o modo como pensamos, acreditamos e sentimos sempre termina por se manifestar, e não existe outra causa para os acontecimentos

"POR QUE ACONTECEU COMIGO?"

que vivemos neste mundo. Homens, mulheres e crianças estão constantemente demonstrando qual é o seu estado de espírito, suas atitudes mentais, convicções e crenças.

Todavia, devemos nos lembrar de que a maioria das pessoas não disciplina, nem tenta controlar ou dirigir o pensamento e as imagens mentais para canais dignos de Deus, o que deixa suas mentes abertas para a mente irracional da massa, que é cheia de medo, ódio, inveja, ciúme e todos os tipos de acontecimentos negativos.

Uma vez, contaram-me a história de um homem que tinha sido despedido do emprego por um chefe mesquinho e cruel, e que, por isso, resolveu matá-lo. Passou a se esconder em um barracão que ficava perto da fábrica, esperando o momento adequado para atirar no sujeito. Na terceira manhã da tocaia, enquanto se movimentava pé ante pé no barracão, tropeçou na própria espingarda e uma bala atravessou seu coração, matando-o na hora.

As pessoas podem chamar esse acontecimento de acidente, mas não é bem assim. O homem estava pensando em homicídio, tinha o homicídio em seu coração. Ensinaram-nos que, nos Dez Mandamentos, estava escrito "Não matarás", e essa é uma crença errônea que se deve a um antigo erro de tradução da ordem original, que seria "Não cometerás homicídio" ou "Não cometerás assassinato", o que deixa implícito que, por trás do ato, haveria uma intenção.

Quem odeia, guarda rancor ou hostilidade está assassinando o amor, a paz, a harmonia, o discernimento e tudo o que é bom. Se esse ódio é continuamente alimentado, esses maus sentimentos atingem um ponto de saturação no subconsciente até se precipitarem sob a forma de um câncer, uma bala disparada, um acidente de trânsito fatal e infortúnios similares. Não existem acidentes, porque atrás de um trem, bicicleta, automóvel ou arma, há uma mente, um estado de espírito, um sentimento. Uma arma nada mais é do que um pedaço de metal moldado de uma determinada forma, que, em si, é inofensivo. É a mente que está por trás dela que carrega a bala e dispara contra alguém. Pode-se assassinar com uma pedra, com veneno, com um pedaço de pau e com milhares de outros objetos, mas eles, em si, são inofensivos.

Os responsáveis por tudo o que acontece são seus pensamentos e suas emoções. A causa do seu destino é a união entre sua mente racional e sua mente subconsciente. Quando elas concordam com alguma coisa, esta acontece, porque qualquer ideia sentida como verdade e carregada de emoção tem de ser concretizada.

O responsável por tudo é seu estado de conscientização, seu próprio poder criador, e nenhuma experiência acontece em sua vida se ela não encontrar uma afinidade em sua mente. Sentimentos opostos se repelem, harmonia e discórdia não conseguem coabitar. Portanto, se você acredita que está vestindo a couraça de Deus, que está completamente envolvido pelo poder de Deus e harmonizado pela Sua força protetora, jamais se encontrará dentro de um trem desgovernado, um avião que está a ponto de cair ou perto de um lugar onde um terrorista colocou uma bomba. Se você caminha e conversa com Deus e acredita que está sob Sua constante proteção e orientação, não se envolverá em acidentes, porque a discórdia e a harmonia não podem coexistir.

Seria ingênuo imaginar que a simples mudança das crenças de negativas para positivas poderia curar todas as doenças e problemas físicos, porque existem causas físicas e orgânicas para muitas enfermidades e defeitos. Entretanto, mesmo quando existe uma causa física, o pensamento positivo tem uma influência benéfica no sistema imunológico, de modo a facilitar o combate do mal pelo

"POR QUE ACONTECEU COMIGO?"

próprio organismo. Há, porém, uma porção significativa de males de origem psicossomática, e são esses que a simples modificação no modo de pensar pode reverter. Conheço inúmeros casos de cura em muitos países e épocas e tive o prazer de ajudar muitas pessoas, instruindo-as a fazer preces e meditações para ajudá-las a programar seu subconsciente para recuperarem a saúde.

A culpa, a preocupação e o medo são os equivalentes psicossomáticos de vírus e bactérias. A substituição por pensamentos desse tipo por pensamentos de crença, fé e confiança acelera a cura.

Atualmente, a ciência médica reconhece que males como insônia, alergias, enxaquecas, distúrbios digestivos e depressão têm fundo psicossomático, e, em certos casos, as causas mentais podem estar por trás de doenças importantes, como tumores, paralisia, úlceras, doenças cardíacas e colapsos nervosos.

Quando adoecemos, tendemos a pôr a culpa em outras pessoas que não nós mesmos, dizendo: "Fui amaldiçoado por Fulano" ou "Alguém fez um trabalho para eu sofrer"; no nosso histórico familiar, com "Isso é genético; somos gente de saúde frágil"; em fatores ambientais, como em "O que acaba comigo é a poluição", "Esta cidade é muito úmida"; ou atribuímos nossos males a uma retribuição divina, com "Deus está me castigando".

Como eu já disse tantas vezes, a verdadeira causa está *dentro de você*. Você, e só você, tem controle sobre seus pensamentos. Outros fatores podem influenciá-lo, mas ninguém mais pode tomar a decisão sobre o que vai ser aceito pela sua mente racional e penetrar no seu subconsciente.

Devemos parar de culpar os outros ou as coisas que nos cercam e sempre procurar a causa em nosso interior. Devemos acreditar em Deus, na bondade de Deus, no amor de Deus e na orientação de Deus, e, assim, descobriremos que nossos caminhos serão agradáveis e pacíficos, porque são nossas crenças materializadas.

Muitas pessoas me perguntam sobre as crianças que morrem em acidentes, dizendo que, como não sabem orar, não têm como se precaver dos perigos. Ora, as crianças dependem dos pais, dos que cuidam delas. Deus deu o amor maternal ou paternal a todas as criaturas. O amor de Deus habita o interior dos pais, e é sua missão fazer seus filhos crescerem na imagem e semelhança da Divina Presença.

A criança não pode discernir nem raciocinar, e cabe aos pais moldarem sua conscientização. Sua formação depende da natureza do lar onde é criada. Pais e mães têm a Presença Divina em seu interior para poderem conduzir seus filhos através das trevas e vicissitudes da vida, ensinando-lhes que são o templo de Deus, que o Amor Divino flui através delas em beleza transcendente e que Ele cuida delas em todos os instantes de sua existência. Crianças educadas segundo a crença de que Deus é só amor, só bondade, crescem fortes e equilibradas, tornando-se pessoas seguras, que têm certeza de que Deus as protege e as orienta-as em todos os aspectos de sua vida.

Resumo do capítulo

- Quando seus pensamentos estão completamente livres de medo e preocupação, você está pensando a partir do Centro Divino que existe em seu interior, e Deus caminha com você, fala e age por seu intermédio. Portanto, suas palavras expressam sabedoria, verdade e beleza; expressam harmonia, saúde e paz. Pense sempre a partir do Centro Divino.
- Se você não se empenha em pensar de maneira pacífica, harmoniosa e construtiva, a mente da massa pensará por você,

"POR QUE ACONTECEU COMIGO?"

e ela acredita em tragédias, infortúnios, doenças, acidentes, ódio, crueldades etc. Se você não se responsabiliza pelos seus pensamentos, as vibrações negativas da massa se acumularão sobre a sua mente, que, ao atingir um ponto de saturação, precipita essas vibrações em forma de doenças e acidentes.

- A lei da vida é a lei da crença. Quem teme a doença está a atraindo para si. Quem pensa em saúde será sadio. A lei de Deus é perfeita; ninguém pode pensar uma coisa e produzir outra. Os problemas que enfrentamos são sinais do sistema de alarme da natureza nos avisando que estamos pensando na direção errada. Nada, senão uma modificação no modo de pensar, pode nos libertar.
- Não há pior sofrimento do que uma consciência pesada e, com certeza, nada é tão destrutivo. Pare de se condenar e comece a aceitar que a Infinita Presença Curadora impregna todo o seu ser e que Deus habita cada célula do seu organismo.
- Você recebe de acordo com suas crenças, e uma crença é um pensamento. Não existem poderes externos ou entidades malignas que tentam prejudicá-lo. Só Deus tem poder, e o poder de Deus vive em seu interior. Se Deus é por você, quem será contra você?
- A culpa, o medo e a preocupação são os equivalentes psicossomáticos de vírus e bactérias. Substituindo pensamentos de culpa, medo e preocupação por pensamentos de fé, confiança e crença no Todo-Poderoso, a cura se acelera.

CAPÍTULO 8
A chave é a prece

Você está consumido pelo medo e pela preocupação? Não é incomum as pessoas enfrentarem problemas que causam tanta inquietação a ponto de prejudicarem sua vida. Alguns deles podem ser infundados, e elas estão sofrendo por causa de acontecimentos que dificilmente ocorrerão ou por perigos imaginários. Muitas vezes, porém, os problemas são verdadeiros e iminentes, como uma possível perda de emprego, falência, dívidas acumuladas, doenças etc.

O primeiro passo para vencer as preocupações é tomar medidas práticas para tentar corrigir o problema é programar nossa mente para que possamos ter a segurança de detectar o que aconteceu de errado, restaurando e mantendo um olhar positivo sobre a vida.

Existe um único modo, uma única chave que nos permite atingir esse objetivo. Ela é a prece, seguida pela meditação.

O que é a prece? Sua prece é o conjunto de seus pensamentos e emoções. Cada pensamento tende a se manifestar se não for neutralizado por outro que tenha uma intensidade maior. Em seu sentido específico, a prece é o contato consciente com a Infinita Inteligência que habita o seu interior. Para ser eficaz, a prece tem de ter, como base, a premissa de que existe uma Suprema Inteligência que nos criou, que nos governa e está dentro de nós. A prece eficaz é uma atitude de espírito afirmativa e sustentada, que leva

153

AUMENTE O PODER DO SEU SUBCONSCIENTE
PARA VENCER O MEDO E A ANSIEDADE

à convicção de que, se nosso pedido for plenamente aceito pelo subconsciente, ele se concretizará de maneira automática porque está submetido às leis da criação e da mente.

Existe uma Infinita Inteligência operando em seu subconsciente que responde aos pensamentos e imagens mentais da sua mente, racional ou consciente. Você tem de decidir o que deseja saber e confiar na resposta que receberá da mente subconsciente. A entrega do pedido à mente subconsciente deve ter, como base, a convicção absoluta de que ela sabe o que é preciso fazer para que seu desejo se torne realidade e que ele refletirá a natureza do pedido.

Lemos no Novo Testamento: "Pedi e vos será dado! Procurai e encontrareis! Batei e a porta vos será aberta! Pois todo aquele que pede, recebe, quem procura, encontra, e a quem bate, a porta será aberta. Quem de vós dá ao filho uma pedra quando ele pede um pão? Ou lhe dá uma cobra quando ele pede um peixe?" (Mateus 7, 7-10)

Portanto, a Bíblia nos ensina que, quando pedimos uma coisa, não ganharemos outra, e que a resposta é a encarnação do seu pedido. Por isso, insista em pedir, procurar e bater até obter uma resposta do seu subconsciente, cuja natureza é tornar realidade o que nela é gravado. Ao orar, faça-o com entusiasmo, sentindo e sabendo que existe uma solução para cada problema, uma saída para cada dilema, e que não existem condições insolúveis ou incuráveis.

Todos procuramos a serenidade em nossa jornada de vida, e a serenidade vem da crença na presença de Deus em nós e à nossa volta. Ela é a percepção elevada de que há um Deus em nós, o que nos permite manter a calma, apesar do tumulto, da turbulência e da confusão que grassa no mundo em que vivemos.

A CHAVE É A PRECE

A serenidade é um atributo da presença de Deus, um dom obtido e que está ao alcance de qualquer pessoa. Ela é nosso refúgio e fortaleza em épocas de turbulência, de constantes mudanças. Quem procura condições de estabilidade e sustento no mundo exterior está perdendo o seu tempo, porque nele só existe um estado constante de vaidade e ganância.

Nossos medos e preocupações destroem nossa serenidade, mas ela pode ser recuperada se rezarmos de maneira eficaz. Para isso, precisamos modificar nossa mente de maneira a entrarmos em acordo com as verdades eternas, que jamais mudam. É errado suplicar ou implorar, pois essa atitude só atrai mais carência e limitação. Agindo assim, estamos negando o que já nos foi dado, já que Deus é O Doador e A Dádiva. Tudo o que o ser humano poderia desejar já está pronto e acabado na Mente Infinita, e, para ver nossos desejos realizados, precisamos apenas colocar ordem em nossa mente e nos sintonizar com a verdade.

Quando tropas nazistas entraram em Viena, em março de 1938, Vicki W. se viu enfrentando uma crise terrível. Apesar de ser católica, pouco tempo antes havia se casado com um judeu, e, de acordo com a lei que então vigoraria na Áustria, todos os casamentos entre judeus e gentios seriam anulados. A família de Vicki suplicou-lhe para aceitar a anulação nazista e voltar para o lar paterno. O marido, temeroso do seu futuro caso tivesse de compartilhar a sorte dos judeus, que era incerta na época, insistiu para que ela o deixasse.

Vicki começou a fazer a seguinte prece:

Amo meu marido. Quero ficar com ele, ter filhos dele, a fim de formarmos uma família, e estou ciente dos perigos. Talvez sejamos separados à força, enviados para guetos e até mortos. Por favor, Deus, dê-me força e sabedoria para tomar a decisão certa.

AUMENTE O PODER DO SEU SUBCONSCIENTE
PARA VENCER O MEDO E A ANSIEDADE

Ela ia à igreja todas as manhãs para rezar, e, à noite, repetia a prece antes de dormir. Continuou recusando-se a deixar o marido. Enquanto isso, ele se esforçava para descobrir uma maneira de sair da Áustria, mas todas as suas tentativas eram frustradas. Vicki recusava-se a perder a esperança e jamais deixou de fazer suas orações. Depois de enfrentar muita burocracia e com a ajuda de parentes do marido que viviam nos Estados Unidos, o casal conseguiu partir do país poucas semanas antes de os nazistas proibirem terminantemente a emigração de judeus.

Vicki e o marido se estabeleceram na cidade estadunidense de Los Angeles e, depois de ele servir no Exército dos Estados Unidos durante a guerra que se seguiu, construíram uma família sólida e feliz. Como ela me contou, as orações a ajudaram a atravessar todas as crises que surgiram em sua vida.

A maioria das pessoas não enfrenta situações tão graves e ameaçadoras, mas sofre com seus problemas cotidianos. Uma das fontes mais comuns de preocupação é a discórdia no lar ou no emprego.

A prece sempre ajuda. Afirme com convicção que a absoluta harmonia do Infinito reina suprema em sua mente e na mente da(s) outra(s) pessoa(s), e, pouco a pouco, ela começará a influir sobre o clima de discórdia, trazendo resultados excelentes. Alinhe todos os seus pensamentos, imagens mentais e reações ao lado da paz e da harmonia, e, se continuar a ver e sentir ódio na outra pessoa, persista na prece, sabendo que o Amor Divino dissolve tudo o que é diferente Dele na mente e no coração do outro e também nos seus. Essa é uma prece eficaz.

O que é verdade para o Infinito é verdade para você. É a consciência desse fato que o liberta. Se você não sabe qual é a solução para um problema complicado, afirme que a sabedoria do Eterno lhe revelará a resposta. Ela virá, sem dúvida. Deus é o nome que

A CHAVE É A PRECE

damos à Infinita Presença e ao Infinito Poder que existe dentro de todos os seres humanos, no qual reina amor, paz, harmonia e alegria. Não há lugar para o mal, o infortúnio e as doenças.

Você vence todos os seus males e resolve seus problemas praticando a presença de Deus, que significa encher sua alma com amor, paz, poder, harmonia e ação correta divinos. As grandes verdades do Infinito estão disponíveis para todos os seres humanos, assim como o Sol brilha sobre o justo e o injusto, e a chuva cai sobre o bom e o mau. Procure sintonizar-se com elas; para isso, basta ter fé em Deus.

Desde épocas imemoriais, as pessoas perguntam por que temos guerras, fome, secas, desastres e doenças. Acredito firmemente que esses acontecimentos nos são dados para que possamos amadurecer interiormente até atingirmos o estado de serenidade que Deus sempre desejou para nós. Todos os problemas, vicissitudes e amarguras que vivenciamos nos impelem a acordar e a amadurecer. Eles não são maus ou ruins em essência. É o véu da ignorância espiritual, a escuridão da falta de conhecimento que nos impedem de ver, perceber e descobrir nossos próprios poderes causadores de sofrimento.

Os problemas da vida não estão nas condições e circunstâncias em que vivemos, mas na pessoa de cada homem e mulher. Naturalmente, essa ideia não é bem aceita pelos que desejam apenas ouvir palavras de solidariedade e compaixão diante do seu rosário de queixas sobre como são maltratados pela vida e pelos outros. Todavia, é bem aceita entre os que querem realmente se curar e modificar seu modo de viver e se mostram dispostos a dar ouvidos à Presença Interior que está sempre dizendo: "Você é muito maior do que pode imaginar neste momento!"

AUMENTE O PODER DO SEU SUBCONSCIENTE
PARA VENCER O MEDO E A ANSIEDADE

É por causa dessa Presença, dessa atitude e tendência de vida, que continuamos nossa busca em vez de nos acomodarmos, sem nada tentar, que é a crença e filosofia que rege a grande maioria dos seres humanos, os quais vivem a reclamar: "A sociedade, o mundo, meus pais e minha família são os responsáveis pela minha miséria e infelicidade." Bem ao contrário, a Infinita Sabedoria nos diz: "Você é o responsável pelo seu triunfo e por suas realizações. É capaz de encontrar o melhor meio de progredir, porque aspira a uma maior compreensão sobre os acontecimentos deste mundo."

Uma de nossas maiores e mais libertadoras vitórias é alcançar o conhecimento de que existem certas coisas que não podemos mudar e com as quais não precisamos nos preocupar! Como diz a grande prece da aceitação: "Deus, dê-nos a sabedoria para distinguir a diferença entre o que podemos e o que não podemos mudar."

Você é apenas solicitado a mudar sua percepção e sua convicção e a encontrar o seu mais alto bem em Deus. Então, o peso do mundo sairá de seus ombros! Você não é responsável pelo que acontece nele. Pense em você mesmo, cure os seus próprios males e avance no caminho iluminado da sua própria existência.

Dê oportunidade a todos para encontrar seus próprios caminhos. Permita que seus próprios filhos os descubram. Você deve ter feito o melhor possível para lhes dar um sentido de ética e moralidade, e ninguém pode fazer mais do que isso. Liberte-os, entregue-os a Deus. Cure-se do complexo messiânico de que é responsável por tudo o que acontece aos que o cercam. Convença-se de que você não pode salvar o mundo!

Repito que você é o responsável por você mesmo. Modifique-se e seu mundo (até o mundo como um todo) mudará para melhor, contribuindo para o bem da humanidade. A alternativa é esperar que o mundo inteiro mude, o que só resulta em cansaço e esgota-

A CHAVE É A PRECE

mento. Essas afirmações podem parecer cínicas e cruéis, mas não é verdade. Elas são pragmáticas e eficazes. A certeza de que Deus, o Pai que habita todos nós, é quem cuida do nosso planeta e de todo o universo, gera a serenidade diante da mudança, é sinal de maturidade espiritual. "O Pai interior faz as obras."

Anos atrás, ouvi um gerente de vendas falar com sua equipe, e ele dizia: "A primeira coisa a fazer é encontrar um comprador em potencial, e a segunda é conseguir a atenção e o interesse dessa pessoa. O terceiro passo é ganhar sua confiança e criar um desejo. O quarto é saber que o desejo está atendido, o que fecha a venda." Esse processo, que leva a uma venda bem-sucedida, também pode ser aplicado a uma prece bem-sucedida.

Você acredita que Deus, a Infinita Inteligência que lhe habita, pode curá-lo? Então, você é o comprador em potencial. Esse é o primeiro passo para fazer uma prece funcionar adequadamente. Ela pode resolver seu problema, secar as lágrimas, colocá-lo na estrada para a felicidade, a liberdade e a paz de espírito. O segundo passo é a atenção e o interesse. Você tem de se concentrar nas afirmações que está lendo e entender bem cada uma delas. O terceiro passo é fazê-lo ganhar confiança e criar o desejo sincero de fazer uma aliança com o Único Poder, não reconhecendo a existência de nenhum outro. O quarto e último passo é ter certeza de que seu desejo já está atendido, porque todas as respostas estão prontas na mente de Deus.

Comece a usar sua mente corretamente. Recuse-se a conferir poder a qualquer coisa diferente do Espírito Vivo Todo-Poderoso que está dentro de você. Só assim eliminará as crenças falsas do seu subconsciente e entrará em contato com o Eterno, o que resultará em uma cura instantânea.

AUMENTE O PODER DO SEU SUBCONSCIENTE
PARA VENCER O MEDO E A ANSIEDADE

Portanto, seja qual for o problema que você esteja enfrentando, afaste seu pensamento dele e afirme com plena convicção: "Deus é, e essa Infinita Presença Curadora está fluindo dentro de mim agora, vitalizando, energizando e curando todo o meu ser. O infinito amor de Deus me orienta para realizar as ações corretas que me conduzirão à plena liberdade que tenho direito como filho amado de Deus".

Sinta, então, o poder, a harmonia e a perfeição do Infinito se manifestando em você como força, paz, vitalidade e alegria.

Se você está orando para ser curado de uma doença cardíaca, por exemplo, não concentre seu pensamento no seu coração, porque isso não seria o modo espiritual de pensar. Lembre-se de que pensamentos espirituais podem se materializar como células, tecidos, nervos e órgãos. Pensar no coração afetado, na hipertensão ou qualquer fator que esteja causando a doença tende a reforçar o problema. Pense apenas na Infinita Presença Curadora e entre em contato com seu Pai. Então, você estará realmente glorificando Deus em seu corpo.

Viva alegremente no mundo, não se deixe vencer pelos percalços do caminho e confie plenamente na providência, no amor e na proteção de Deus. Faça suas preces com a certeza de que elas são as chaves para você atingir a serenidade, a confiança no imutável e no amor eterno de Deus.

Resumo do capítulo

- Todos os seus pensamentos e emoções são uma prece. O pensamento tende a se manifestar a não ser que seja neutralizado por um pensamento com intensidade maior. A verdadeira

160

A CHAVE É A PRECE

prece é o contato consciente com a Infinita Inteligência que habita seu interior. Para ser eficaz, a prece tem de estar fundamentada na premissa de que existe uma Inteligência Suprema dentro de cada ser humano, que está pronta para atender nossos desejos.

- Uma Infinita Inteligência atua em seu subconsciente e reage ao seu modo de pensar e imaginar. Ao entregar seu pedido ao seu subconsciente, você tem de fazê-lo com a absoluta convicção de que ela tem a capacidade de atender seus desejos de acordo com a natureza do seu pedido.

- Se você está em discórdia com uma outra pessoa, rearranje todos os seus pensamentos, imagens mentais e reações, colocando-os ao lado da paz e da harmonia. Se você vê ódio no outro, repita muitas vezes em seu coração que o Amor Divino dissolve tudo o que é diferente Dele na mente e no coração do seu antagonista e na sua mente e no seu coração.

- Para viver em harmonia, você só precisa aceitar plenamente que todos os seres humanos receberam o privilégio de serem o que querem ser de Deus. Deixe-os encontrar seu mais alto bem em Deus. Assim, você tirará o peso do mundo de suas costas. Você não é responsável pelo que acontece neste planeta. Cure-se! Não se deixe maltratar pela ideia de que você tem culpa pelos males do mundo.

- Saiba que a Infinita Presença e o Infinito Poder o amam e cuidam de você. Se sua prece afirmar essa verdade, o medo e a preocupação irão se desvanecer. Volte toda sua atenção para Deus, para o Amor Eterno, com a firme convicção de que há um Único Poder Curador e que não existe nada no universo capaz de desafiar as ações do Infinito.

CAPÍTULO 9
Durma bem

Você passa cerca de oito horas diárias ou um terço da sua vida dormindo. O sono é uma necessidade da natureza, uma lei divina. Muitas respostas aos problemas vêm à nossa mente quando estamos dormindo. Existe uma teoria afirmando que, como nos cansamos durante o dia, precisamos dormir para repousar nosso organismo, pois é durante o sono que ocorrem os processos de recuperação de células, tecidos e órgãos. A verdade, contudo, é que nada descansa durante o sono. O Pai Eterno, que cuida constantemente de nós, jamais dorme nem cochila. Todos os órgãos e processos do nosso organismo se mantêm em funcionamento quando dormimos. Se comermos antes de pegar no sono, os alimentos serão digeridos e assimilados normalmente. Nossas unhas e cabelos continuam crescendo, e nossa pele não para de secretar suor.

O corpo está em renovação constante. Células novas substituem as velhas em todos os órgãos, e os processos são revitalizados à medida que se faz necessário. O importante a ressaltar é que a mente subconsciente jamais descansa ou dorme. Durante o sono, ocorre uma ligação criativa entre a mente racional, o consciente, e a mente mais profunda, o subconsciente. É comum recebermos respostas para problemas que nos afligem enquanto dormimos, por meio de sonhos ou intuições quando despertos.

AUMENTE O PODER DO SEU SUBCONSCIENTE
PARA VENCER O MEDO E A ANSIEDADE

Por isso, quando você for dormir, tenha sempre o louvor a Deus nos seus lábios. Qualquer processo de cura mental acontece mais rapidamente durante o sono, porque o consciente não interfere na mente mais profunda. Pesquisas feitas sobre o sono demonstraram que, enquanto dormimos, os nervos do cérebro continuam em atividade, e foi provado que os nervos de olhos, ouvidos, nariz e papilas gustativas continuam registrando as impressões vindas do ambiente. Portanto, o propósito do sono não é só ser um período de repouso, mas também demonstrar que nenhuma outra parte da vida do ser humano é mais indispensável para o seu desenvolvimento espiritual simétrico e perfeito do que aquela que ele passa dormindo. O fato é que somos espiritualmente carregados enquanto dormimos e que o tempo adequado de sono é essencial para haver vitalidade e alegria na vida cotidiana.

A falta de sono nos deixa irritados, mal-humorados e deprimidos, e atualmente é voz corrente que todos os seres humanos precisam dormir uma quantidade de horas diárias adequadas à sua faixa etária para se manterem sadios. A maioria das pessoas, contudo, sente que precisa de mais do que isso. Os médicos especialistas em distúrbios do sono salientam que a insônia grave precedeu a ocorrência de colapso nervoso em muitos pacientes.

As experiências relacionadas ao sono vêm se sucedendo há vários anos. Estudos feitos com voluntários que tiveram de ficar acordados por até quatro dias seguidos deram visões novas e impressionantes aos cientistas sobre o efeito da privação de sono. Tudo indica que o cérebro cansado precisa tanto de sono que é capaz de sacrificar qualquer coisa para obtê-lo. Depois de ficar várias horas acordado, o paciente começa a ter cochilos fugidios, chamados de lapsos ou microssonos, à razão de três ou quatro por hora. Como no sono real, suas pálpebras se fecham e o batimento cardíaco diminui. Esses lapsos não duram mais do que uma fração de segundo e, em algumas ocasiões, estão cheios de imagens, fiapos de sonhos. À medida que aumentava o número de horas sem sono, os lapsos começavam a durar mais tempo — talvez dois ou três segundos. Ficou nítido que, mesmo se o paciente estivesse pilotando um jato com quinhentos passageiros em uma tempestade, ele não teria condições de resistir aos microssonos, perdendo esses segundos preciosos de atenção. Essa situação já foi vivida por muitos motoristas que dormiram na direção.

Outro efeito surpreendente da privação de sono é sua influência sobre a memória e a percepção. Os pacientes se mostraram incapazes de reter informações por um tempo suficiente para relacioná-las com as tarefas que deveriam realizar. Eles ficavam totalmente confusos em situações nas quais tinham de integrar dados vindos de diferentes ponteiros, como acontece com o piloto de avião que precisa saber qual é a direção do vento, a velocidade, a altitude e o ângulo de aterrissagem para fazer um pouso seguro.

A oportunidade oferecida a George G. parecia fantástica. Um colega antigo de trabalho estava começando uma nova companhia para se vincular à crescente onda de negócios pela internet, que ficou conhecida como a "explosão pontocom". Ele era um engenheiro brilhante, e George tinha uma grande confiança na sua capacidade técnica. Para participar do negócio, George teria de investir cinquenta mil dólares, praticamente todo o dinheiro que havia na sua poupança. Isso o fez ficar em dúvida, imaginando se deveria ou não aceitar o convite. O sucesso faria dele um milionário, mas, se fracassasse, ficaria sem nada.

Na noite anterior ao dia em que teria de dar a resposta final, George orou da seguinte maneira:

AUMENTE O PODER DO SEU SUBCONSCIENTE
PARA VENCER O MEDO E A ANSIEDADE

A Inteligência Criativa da minha mente subconsciente sabe o que é melhor para mim. Sua tendência é sempre me levar para uma vida melhor e me revelar a decisão correta, que será uma bênção para mim e todos os envolvidos no negócio. Dou graças pela resposta, que virá a mim, tenho certeza.

Ele repetiu essa prece muitas vezes antes de pegar no sono, como se fosse uma canção de ninar. No dia seguinte, acordou com uma forte sensação de que não deveria entrar no negócio. A tentação ainda era grande, mas, agora, via alguns defeitos na proposta, e, por isso, escolheu atender sua intuição e recusou a oferta. Viu a companhia começar a prosperar, mas, poucos meses depois, a "explosão pontocom" afundou junto com a empresa do seu amigo.

A mente consciente pode estar correta no que diz respeito aos fatos objetivamente conhecidos, mas a faculdade intuitiva do subconsciente percebeu o erro conceitual no negócio e orientou George a tomar a decisão certa.

Se você sofre de insônia ou tem dificuldade para dormir, reflita sobre algumas das frases maravilhosas dos salmos. No Salmo 4: "Em paz também me deitarei e dormirei, porque só Tu, Senhor, me fazes habitar em segurança." No Salmo 3: "Eu me deitei e dormi; acordei porque o Senhor me sustentou." No Salmo 23: "Deitar-me faz em verdes pastos, guia-me mansamente a águas tranquilas." Você ficará impressionado com o sono repousante e pacífico que terá.

Quando estiver pegando no sono, sinta que você é o que gostaria de ser. Em seguida, relaxe o corpo e entregue esse desejo a Deus. Diga: "Adormeço e aceito esse desejo e caminho na estrada iluminada da sua realização." Aceite a realidade do seu

DURMA BEM

desejo enquanto adormece, procure ter a sensação de ser como você sempre quis. Imagine que está agindo dentro desse novo papel no teatro da sua existência. Assim fazendo, quando cair em um sono profundo, estará impregnando seu subconsciente com seu desejo. Conscientize-se de que seu futuro é construído pelo seu modo habitual de pensar e de que ele já está pronto em sua mente, apesar de poder ser modificado pelas suas preces. Saiba também que, às vezes, você recebe respostas maravilhosas durante o sono. Se estiver enfrentando alguma dificuldade, à noite, ao fechar os olhos para dormir, diga: "Eu durmo em paz e acordo na alegria, eu vivo em Deus" ou "Dormirei por oito horas em paz, protegido pela Presença Divina que vive em mim". Em seguida, escolha uma palavra como "paz" ou "calma" e repita-a várias vezes, como se fosse um mantra de meditação.

A seguinte prece o ajudará a ganhar confiança, paz e conforto:

Conceda, ó Deus Eterno, que eu possa me deitar em paz e acordar para uma vida renovada. Permita que eu adormeça à sua sombra e guia-me com bons conselhos. Seja meu refúgio e proteção. Ilumine meu caminho e me oriente na estrada da minha vida. Guarde-me do ódio e da maldade; afaste de mim as carências e limitações e me conduza à paz.

Em meu livro *O poder do subconsciente,* conto a história de um homem que recebeu uma resposta extraordinária enquanto tirava um cochilo que não durou mais do que dois minutos. Chamava-se Ray Hammerstrong e trabalhava em uma siderúrgica no estado da Pensilvânia, nos Estados Unidos. Não fazia muito tempo a usina tinha instalado uma máquina nova que controlava a entrada de barras de aço incandescentes nas esteiras de resfriamento, mas um

AUMENTE O PODER DO SEU SUBCONSCIENTE
PARA VENCER O MEDO E A ANSIEDADE

defeito qualquer, possivelmente nas chaves do quadro de comando, estava prejudicando o funcionamento e atrasando a produção. Por mais que os engenheiros metalúrgicos se esforçassem, não conseguiam encontrar o defeito.

Hammerstrong, que era laminador e conhecia muito bem o processo de produção, pensava muito no problema e tentava imaginar um projeto novo para o quadro de controle, mas não lhe ocorria nenhuma ideia. Certa tarde, deitou-se para tirar um cochilo e caiu no sono ainda pensando no processo de produção. Durante o cochilo, sonhou com um arranjo novo para as chaves do quadro de controle. Ao acordar, Hammerstrong fez um desenho do que tinha visto e levou-o para os engenheiros de produção. Esse cochilo visionário lhe rendeu uma gratificação de US$15 mil, o maior prêmio que a empresa jamais dera a um empregado por uma nova ideia.

Sim, muitas vezes você recebe instruções durante o sono, uma solução ou uma saída para um problema. Isso é frequentemente relatado por cientistas de várias áreas, que passam períodos grandes de tempo com o pensamento focalizado em um determinado tema. Você é o mestre dos seus pensamentos, emoções e reações ao que o cerca e pode se tornar um bom executivo da espiritualidade se aprender a delegar a tarefa para a mente subconsciente com fé e confiança. A mente mais profunda sabe como resolver seu problema e lhe dará a resposta correta.

Entregue seu pedido ao subconsciente com fé e confiança, sabendo, em seu coração, que ele será atendido pela mente mais profunda, que é cheia de sabedoria e inteligência, porque está escrito na Bíblia: "No silêncio e na confiança estará sua força."

Jamais se recolha para dormir com pensamentos negativos em sua mente. É de extrema importância procurar se sentir forte e otimista e tentar esquecer todas as crenças, convicções e sensações de incerteza ou medo. Para isso, encha sua mente com pensamentos que o façam pensar na grandeza de Deus, porque, como você já sabe, eles expulsam todas as ideias negativas.

Você deve adormecer pensando nos seus desejos mais acalentados e que gostaria de ver realizados antes de todos os outros. Como a mente continua funcionando durante o sono, esses desejos são mais profundamente gravados e intensificados, pois não existem estímulos externos para desviar sua atenção.

Assim que acordar, crie a imagem mais vívida que puder a respeito das qualidades positivas que gostaria de ter e diga mentalmente:

Sou forte e sadio, determinado e entusiasmado. Alcançarei minhas metas e serei sempre saudável e equilibrado, porque, no cerne do meu ser, eu sou divino, e o Princípio Divino não pode ser derrotado.

E lembre-se desta grandiosa prece: "Durmo em paz, acordo na alegria, vivo em Deus agora e para sempre."

Resumo do capítulo

- Muitas vezes, as respostas aos problemas que estiveram em sua mente o dia inteiro vêm enquanto você dorme.
- Lembre-se de que você é recarregado espiritualmente durante o sono e de que as horas de repouso são essenciais para trazer vitalidade e alegria à sua vida.
- Procure experimentar a sensação de que você já é o que gostaria de ser, que agora já tem o que tanto quer possuir. Faça isso

especialmente antes de adormecer, porque está impregnando o subconsciente com essas ideias.

- Em muitas ocasiões, durante o sono, recebemos instruções para solucionar um problema ou encontrar uma saída de uma situação desagradável. Você é o mestre dos seus pensamentos, emoções e reações à vida. Quando orar, entregue seu pedido para o seu subconsciente com fé e confiança. A mente mais profunda sabe como resolver qualquer problema e lhe dará uma solução. A resposta virá porque está escrito: "No silêncio e na confiança estará a sua força."

CAPÍTULO 10
Vivendo na presença

Um número enorme de pessoas procura conforto e orientação no livro de Salmos quando está se defrontando com o medo e a preocupação, afinal, todos os 150 salmos nos inspiram e ajudam nos momentos de atribulação. Nos capítulos anteriores, analisamos os Salmos 23 e 91 com mais profundidade. Agora, quero lhes apresentar a outro grande salmo, o 139.

Como ele é muito longo, fiz uma versão abreviada abrangendo seus pontos principais:

Senhor, Tu me sondaste e me conheces...

...de longe entendes meu pensamento...

...conheces todos os meus caminhos.

Sem que haja uma palavra na minha língua, eis que, ó Senhor, tudo conheces.

Para onde me irei do Teu espírito, ou para onde fugirei da Tua face?

Se subir ao céu, Tu ali estás; se fizer no mundo dos mortos a minha cama, eis que Tu ali estás também.

Se tomar as asas da alva, se habitar as extremidades do mar,

Até ali a Tua mão me guiará e a Tua destra me susterá.

Se disser: Decerto que as trevas me encobrirão; então, a noite será luz à roda de mim.

...as trevas e a luz são para Ti a mesma coisa.

Pois criaste cada parte do meu corpo; e me formaste no ventre de minha mãe...

Eu te louvarei, porque de um modo assombroso e tão maravilhoso fui feito; maravilhosas são as Tuas obras e a minha alma o sabe muito bem.

Os meus ossos não te foram encobertos, quando no oculto fui feito e entretecido nas profundezas da terra.

Os Teus olhos viram o meu corpo ainda informe; e no Teu livro todas estas coisas foram escritas; as quais em continuação foram formadas, quando nem ainda uma delas havia...

Sonda-me, ó Deus, e conhece o meu coração; prova-me, e conhece os meus pensamentos.

E vê se há em mim algum caminho mau, e guia-me pelo caminho eterno.

Não é de admirar que essa prece tão inspirada seja descrita como "a coroa dos Salmos". Na simbologia da Bíblia judaico-cristã e em quase todos os livros sagrados, a coroa representa nossa divindade, nossa natureza real.

Em termos psicológicos, esse salmo revela nossa capacidade inata de transformar ou corrigir tudo o que consideramos errado em nossa vida por meio do poder da Presença Criativa interior, que eternamente atende "os pensamentos de nossa mente, as meditações de nosso coração" (a mente mais profunda).

Ibn Ezra, um mestre judeu do século X, que vivia em Toledo, na Espanha, foi quem primeiro chamou o Salmo 139 de "a coroa dos Salmos". Ele era um erudito e poeta, autor de muitos livros sobre matemática, astronomia, medicina e filosofia, mas sua obra mais famosa é *Commentaries on the Bible*. Os leitores familiarizados com a obra do poeta inglês, Robert Browning, reconhecerão Ibn Ezra como a fonte inspiradora do poema "Rabbi Ben Ezra".

VIVENDO NA PRESENÇA

O grande rabi afirmava que o Salmo 139 era um resumo de toda a Bíblia. Em algumas de suas mais inspiradas e exaltadas passagens, os versos mais comoventes nos oferecem os quatro pontos essenciais para alcançarmos uma conscientização e uma avaliação mais nítidas do nosso papel neste mundo. Por meio dessas passagens, é possível entendermos que podemos usar a coroa do entendimento agora mesmo para ter uma vida melhor aqui, no presente, em vez de adiarmos esse desejo para ser realizado em um futuro vago e incerto. As quatro verdades essenciais para compreendermos que a presença sublime de um Deus amoroso e onisciente existe em nós, aqui e agora, são as seguintes:

Primeira: devemos aceitar Deus como uma presença universal e onipresente;

Segunda: saber que Deus é onipresente, que está em todos os lugares, e também dentro de nós. Deus é amor, e nosso relacionamento com Ele é de profundo amor;

Terceira: a Presença em nós é onisciente. Deus tudo conhece, tudo vê e, sendo um Pai amoroso, sempre compreende e perdoa;

Quarta: o salmista nos fala de um modo de pôr em prática, de usar essas verdades para sanarmos e restaurarmos nossas condições físicas e mentais.

De fato, o Salmo 139 resume todos os ensinamentos de Deus e apresenta as perguntas mais profundas e penetrantes do Antigo Testamento, como: "Para onde me irei do Teu Espírito?" ou "Para onde fugirei da Tua face?". Essas palavras nos sugerem que a Presença Criativa é muito mais do que nos ensinaram em crianças. Pensar na Presença a encher todo o espaço e tudo o que nele está contido, inclusive nós mesmos, expande nossa mente e amplia nossos mais básicos conceitos sobre a grandiosidade de Deus.

No verso 8, quando o salmista diz "Se eu subir ao céu, Tu ali estás; se fizer no mundo dos mortos a minha cama, eis que Tu

AUMENTE O PODER DO SEU SUBCONSCIENTE
PARA VENCER O MEDO E A ANSIEDADE

ali estás também", estaria ele pensando em um lugar material no espaço sideral ou em uma cama situada no inferno? Óbvio que não. Os intérpretes da Bíblia da atualidade não levam as palavras das escrituras ao pé da letra e afirmam que muitas delas são metáforas para explicar pensamentos extremamente profundos.

O salmista está falando sobre a onipresença de Deus e, como Ele é onipresente, também está dentro de você, é sua própria vida. A Presença está sempre pronta a atendê-lo, e, por mais que você esteja afastado das verdades divinas, Ela sempre responderá sob a forma de misericórdia, compaixão, cura e restauração da alma.

O céu e o mundo dos mortos representam estados de consciência. O céu é nossa mente em paz, perdoada de todos os erros por nós mesmos. Na simbologia bíblica, "cama" ou "leito" sugere um estado de repouso e relaxamento, como quando estamos "adormecidos" no meio da turbulência, da confusão e das disputas habituais do mundo. Vemos tudo o que nos cerca, mas nos mantemos "descansando em Deus", protegidos e seguros enquanto clamamos e enunciamos as qualidades da Onipresença.

A "cama no inferno" deixa implícito um estado de imobilidade, incapacidade de progredir ou de obter êxito nos nossos propósitos. "Cama" também é uma referência pouco sutil ao ato que resulta em nossa concepção, à união entre a racionalidade e as emoções que cria as condições, circunstâncias e eventos de nossa existência. A frase "se eu fizer a minha cama" fala da nossa liberdade de escolher a vida que quisermos.

O salmista é honesto e responsável e revela seu conhecimento sobre o princípio criativo: "Se eu subir ao céu". Sou eu mesmo que procuro me conscientizar da Onipresença, eu mesmo que escolho o caminho para ascender ao céu, que é a minha mente pacífica.

Também sou eu mesmo que tenho liberdade plena para "fazer minha cama no inferno", criando ou causando um estado de limi-

VIVENDO NA PRESENÇA

tação ou carência em meu mundo pessoal. Todavia, tanto no céu quanto no inferno, a Presença Onisciente permanece a mesma, sempre viva, amorosa, inteligente e protetora.

A qualquer momento, em qualquer lugar, não importa qual seja sua posição atual, a Presença criará o que pensamos e sentimos como verdade. A vida que levamos é testemunha desse princípio magnífico e infalível e da Eterna Presença. Ela está sempre nos impelindo, dizendo: "Levanta-te. Pega tua cama e vá para casa", ajudando-nos a avançar até encontrarmos nosso lar verdadeiro dentro da luz eterna do amor de Deus.

O propósito e a função da prece, da meditação e da contemplação é limpar a mente e fazer os anseios do nosso coração obedecerem a uma direção consciente pela modificação dos modelos e processos habituais de pensamento. A contemplação é um pouco mais difícil de ser atingida porque significa pensar sobre um tema específico, mas a persistência nos leva ao êxito.

Assim agindo, logo perceberemos que nossas reações estão se tornando mais construtivas. Reagimos mais prontamente, aceitamos a responsabilidade pelos nossos atos e produzimos atitudes mais pacíficas e afáveis.

Jamais devemos dizer "Eu sou pobre, eu sou solitário, eu sou um fracassado", nem mesmo a nós mesmos, porque seria o mesmo que dizer que Deus também é assim. "EU SOU" foi o que o Senhor respondeu a Moisés quando lhe perguntou qual era o Seu nome, e, como somos unos com Ele, ao dizermos "EU SOU", também estamos nos referindo a Ele. Precisamos sempre transformar as ideias negativas em positivas, porque somos o que pensamos e sentimos sobre nós.

O salmista afasta a crença em um Deus antropomórfico, com o aspecto de um humano, que sempre nos levou a entronizar, em nossa consciência, um Deus afastado de nós, separado de nós, um ser caprichoso, irascível, sempre pronto para nos castigar se não agíssemos de acordo com os seus planos ou propósitos insondáveis.

Essa crença falsa é a causa principal de nossos problemas, porque temos a impressão de que estamos constantemente afundados em problemas insolúveis, doenças infindáveis e limitações por não termos feito a vontade de Deus. Todavia, quando nos tornamos espiritualmente maduros como sugere o salmista ("a cama que eu fiz"), conscientizamo-nos de que podemos modificar essas condições.

Não podemos viver, pensar e fazer separados do nosso verdadeiro eu, da fonte de tudo o que pode ser imaginado, do Pai Criador. É essa sensação de separação que nos dá a impressão de sermos uma alma perdida, vivendo ao sabor das desgraças do mundo.

Deus é o Único Poder, a Presença Infinita em nós. Ouse, tenha a coragem de acreditar e louvar um Deus onisciente e onipotente, um Deus de amor, que deseja que você saiba que merece muito mais do que possa imaginar. Liberte-se da ideia de que você é maltratado por um velho barbudo, sentado em uma nuvem, pronto a castigá-lo por qualquer falta, grande ou pequena, e conhecerá uma vida inteiramente nova, plena de alegria e realizações.

Um homem que leu meu livro *O poder do subconsciente* me escreveu dizendo que minhas ideias eram sensatas, mas que, ao aplicar as verdades que eu oferecia, sentiu que estava perdendo sua antiga fé em Deus. Ora, não existem "acidentes" na Mente Divina, e esse homem não comprou o meu livro "por acaso". É óbvio que estivera procurando uma compreensão mais elevada e foi induzido a pôr minhas instruções em prática. Ele ainda acrescentou: "Agora, eu me sinto como se não tivesse Deus em mim, só um princípio frio e insensível."

O que pode ser oferecido a alguém que vive nesse estado de espírito? Em primeiro lugar, devo explicar que essa sensação é

VIVENDO NA PRESENÇA

comum, porque ele está diante de uma transição, vivendo um período intermediário. É difícil para o ser humano nadar no grande oceano da vida ou, como a águia, voar para os cumes mais elevados, mas a Mente do Infinito, que tudo sabe, aceita e compreende essa situação. Meu propósito não é solapar ou destruir a fé de alguém, mas oferecer uma maior compreensão da vida. "Não vim para destruir, mas para fazer cumprir a lei."

Tenho algumas sugestões a oferecer para esse meu leitor. Permaneça na sua religião, siga seus dogmas, ritos e rituais, mas continue a orar pedindo sabedoria, compreensão e a orientação divinas. Continue buscando porque, com paciência, quem procura, acha.

Logo, você descobrirá que todos os aspectos estão no interior da Mente Divina, assim como características e qualidades do amor, a inteligência, a paciência e a direção. Daí, encontrará um Pai amoroso e interessado no seu bem, o que acabará com a sensação de viver separado da Fonte. São essas verdades reparadoras que estão no Salmo 139, no qual lemos:

> Sonda-me, ó Deus, e conhece o meu coração; prova-me, e conhece os meus pensamentos.
> E vê se há em mim algum caminho mau, e guia-me pelo caminho eterno.

Se há uma frase que precisa ser elucidada nesse salmo grandioso é "algum caminho mau". Um número enorme de criaturas foi criado dentro da noção de que são más ou pecadoras por natureza. Essa ideia é o resultado e o efeito de uma interpretação errônea das palavras da Bíblia, do esquecimento de que o Livro Sagrado foi escrito por muitos autores (inspirados por Deus, naturalmente) e traduzido para várias línguas, nas quais, muitas vezes, não havia uma tradução simples para determinadas palavras.

AUMENTE O PODER DO SEU SUBCONSCIENTE
PARA VENCER O MEDO E A ANSIEDADE

Em hebraico, o termo que foi traduzido como "mau" significa qualquer ideia que causa tristeza ou infelicidade. Ser mau é o mesmo que se preocupar, ofender, infligir dor e sofrimento. "Mau", portanto, é uma palavra que define um desconforto mental. Então, "se fizemos nossa cama no inferno", o desconforto mental é um sinal para redirecionarmos nossa atenção, para nos identificarmos com o bem.

É um exagero pensar que temos a obrigação de ser perfeitos, sem nenhuma maldade, sem nenhum pecado (que seria o uso errado de nossas faculdades mentais). "Um só é perfeito: Deus". De nós, é esperado que saibamos ser sinceros, sem malícia e sem intenções e propósitos que possam prejudicar outros seres humanos. Somos bons por natureza, somos filhos de Deus. Devemos reconhecer e aceitar nossa realeza e herança divina! Ouse acreditar que você é filho do Rei dos reis. Caminhe pela estrada real sabendo que tudo o que existe é seu!

Para a pessoa que compreende Deus como um pai amoroso, pedir a Ele para ver se está seguindo "um caminho mau" significa ter aberto sua mente e seu coração para receber a Orientação Divina, que se preocupa com seu bem-estar, como qualquer figura paternal terrena. O Senhor se alegra com nossa força. Perdoe-se de qualquer ideia de que você é mau ou pecador. Se sua intenção for melhorar sem prejudicar seu próximo, você está liberto, perdoado de qualquer tipo de mal.

A quarta verdade do Salmo 139 reforça a ideia de que Deus nos protege como uma mãe atenta e carinhosa. "(...) me formaste no ventre de minha mãe... Eu te louvarei, porque de um modo assombroso, e tão maravilhoso fui feito; maravilhosas são as Tuas obras, e a minha alma o sabe muito bem". De fato, viemos do invisível. O óvulo fertilizado, que agora recebe o nome de ovo, é

VIVENDO NA PRESENÇA

transparente, mas contém o modelo completo de um homem ou mulher em seu interior.

A Infinita Inteligência cria o nosso corpo a partir desse modelo divino e, por isso, conhece todos os processos de formação e funcionamento do organismo humano, podendo renovar e restaurar todos eles. Isso lhe dá o direito de clamar, sentir, acreditar e afirmar com todo seu coração, mente e corpo: "A Infinita Inteligência se movimenta por entre cada átomo do meu ser, renovando cada um deles e devolvendo-lhes a saúde radiante." Imagine um rio de luz dourada envolvendo-o e fluindo pelo seu corpo, do alto da cabeça até as solas dos pés.

Se você está sob os cuidados de um médico, coopere plenamente com ele e lembre-se de orar para que seja guiado e iluminado para fazer a coisa certa, da maneira certa, na hora certa. Não reclame do tratamento ou dos remédios. Muita gente pesquisou e estudou pensando em beneficiar os doentes. Ore pedindo para vocês dois serem guiados e dirigidos nas veredas que levam à cura completa.

O salmista escreveu as verdades encontradas no Salmo 139 sob a orientação de Deus, e todas elas são simples e práticas, típicas da Presença. Use o mesmo tipo de prece para corrigir ou sanar os desvios em todas as fases de sua vida. Então, descobrirá saúde, riqueza e relacionamentos agradáveis tomarem forma em sua vida.

A Orientação Divina é dada sob a forma de impulsos interiores, intuições e ideias, e, confiando em Deus e sabendo que estamos sendo guiados para caminhos pelos quais encontraremos contentamento e paz de espírito, aprenderemos a reconhecê-la em pouco tempo. Medite e contemple o Salmo 139, "a coroa dos Salmos", e perceberá que a Orientação Divina já está começando. O medo e a preocupação desaparecerão, substituídos por otimismo e pensamentos fortes, sadios e inspiradores, que se infiltrarão em seu subconsciente e farão sua vida ser serena e feliz.

Resumo do capítulo

- São estas as quatro verdades essenciais:

Primeira: precisamos aceitar Deus como uma presença onipresente e universal;

Segunda: como Deus é onipresente e, portanto, está em todos os lugares, também está no nosso interior. Estamos em Deus. Deus é amor, e temos um relacionamento carinhoso com Ele;

Terceira: a Presença é onisciente. Deus tudo sabe, tudo vê e, por ser um Deus de amor, tudo perdoa. Tenha coragem de acreditar e proclamar sua confiança em um Deus amoroso, que está sempre pronto para atender todos os seus pedidos;

Quarta: o salmista nos instrui sobre um modo de aplicar essas verdades para curarmos, restaurarmos e corrigirmos condições e relacionamentos mente-corpo.

- Deus é onipresente, é sua própria vida. Essa Presença está sempre à sua disposição. Sejam quais forem as condições e circunstâncias de sua vida, a Presença e o Poder lhe responderão com misericórdia, acalmando, curando e renovando sua alma.

- O propósito e a função da prece, da meditação e da contemplação é limpar a mente para abrir espaço para pensamentos positivos e construtivos. Modificando o modo habitual de pensar, fazemos nosso coração e mente se transformarem em discípulos do bem.

- Você é bom por natureza, é um filho amado de Deus. Reconheça e aceite sua realeza e herança divina! Ouse acreditar que você é filho do Rei dos reis. Caminhe pela estrada do Rei. Tudo o que você vê é seu!

CAPÍTULO 11
As três chaves para conquistar a paz de espírito

Diz o Novo Testamento (Mateus 13, 45) que o reino dos céus é como um negociante que comercializa pérolas preciosas. Ao encontrar uma de grande valor, ele vai, vende todos os seus bens e compra aquela pérola.

A pérola de grande valor é nossa conscientização e percepção de que existe um único poder e uma única causa para tudo o que acontece neste mundo — a Presença Viva de Deus — e de que tudo vem de uma só fonte. Os antigos a chamavam de "a mente"; os místicos, de "divino"; e nós chamamos de "vida", que é Deus dentro de nós, respondendo aos pensamentos de nossa mente, às meditações de nosso coração e às nossas visualizações.

Ao longo dos séculos, as pérolas foram escolhidas para representar ideias, conceitos e ideais valiosos, inspiradores, que enobrecem e elevam a mente e o coração dos seres humanos na sua jornada em direção à eternidade. Essas ideias criam condições, eventos, relacionamentos e circunstâncias da nossa vida cotidiana, segundo o modelo determinado por nossos pensamentos dominantes e nossas sensações mais íntimas. A pérola também representa a verdade, que nos liberta das crenças e atitudes que impedem nosso progresso espiritual.

Mas, por que a pérola? Ela nem mesmo é considerada uma pedra preciosa, como o diamante ou o rubi, e seu valor, em

AUMENTE O PODER DO SEU SUBCONSCIENTE
PARA VENCER O MEDO E A ANSIEDADE

comparação com o deles, é bem menor. Entretanto, a pérola é o produto de uma irritação e é a única gema criada por um organismo vivo. A ostra secreta camadas de madrepérola em torno de um grão de areia, por exemplo, para não ser machucada por ele. Essa propriedade faz com que a pérola também seja considerada a representação da Presença Viva interior.

Quando ficamos profundamente perturbados ou "irritados" pelo modo como a vida está nos tratando, empenhamo-nos em buscar respostas para nos protegermos da adversidade e conseguirmos uma sensação duradoura de estabilidade, segurança e tranquilidade. Portanto, mesmo no meio da maior atribulação, existe uma bênção escondida, um benefício a ser descoberto, desde que "tenhamos olhos para ver e ouvidos para ouvir" — uma frase que simboliza a percepção e a disposição de agir.

A pessoa sensata mostra-se sempre insatisfeita com pérolas de menor qualidade, como a alegria e a felicidade passageiras, e anseia por encontrar uma pérola mais bela. Ter dinheiro é bom, mas não satisfaz, porque, para vivermos bem, também precisamos de saúde, afeto, amizade, companheirismo, uma consciência limpa, impossível de conseguir sem o perdão, e inúmeras bênçãos que a Presença Curadora está disposta a conceder aos que buscam seu auxílio.

Entretanto, buscamos principalmente a pérola de maior valor, "o reino dos céus". E o que é isso? O que significam essas palavras? As Escrituras foram escritas em código, e é essencial decifrá-lo para encontrar as verdades práticas ali contidas, como estão contidas em todos os Livros Sagrados das mais diversas religiões.

Os intérpretes modernos dizem que o reino dos céus é um estado de conscientização em harmonia com a Presença, com os pensamentos de Deus. Segundo a Bíblia, ele já está pronto dentro de nós desde o início dos tempos, portanto, todos podem alcançá--lo. Uma nova conscientização cria novas condições, situações que se harmonizam mais com as ideias elevadas que vão substituindo modos de pensar antigos, sentimentos, atitudes em relação a nós mesmos, a outras pessoas e acontecimentos. Não podemos acreditar no Poder Criativo que nos habita enquanto mantivermos, em nossa mente, a crença de que outras pessoas e condições estão determinando ou prejudicando nossa vida.

Diz a parábola da pérola que o negociante vendeu todos os seus bens para comprar a pérola de grande valor, e ela nos ensina o que devemos fazer para alcançar o reino dos céus. Temos de vender "nossos bens", que são as ideias pré-concebidas, opiniões e qualquer conceito sobre um Deus que tem Seus favoritos, que faz discriminação entre Seus filhos. "Nossos bens" também são a má vontade, a raiva e o rancor que sentimos dos outros e, pior ainda, de nós mesmos, por causa de erros cometidos no passado. Essa parábola é uma lição sobre escolha e valores. Devemos aprender a diferençar o legítimo do falso, a verdade da mentira, o superior do inferior, o valioso do inútil.

Não é por acaso que a pessoa que encontra a pérola é um negociante, um comerciante aparentemente bem-sucedido, porque possui bens para vender. A capacidade de julgar valores é mais evidente no mundo dos negócios, no qual tanto vendedores quanto compradores desenvolvem um sentido agudo de valores. O reino dos céus está dentro de nós, e precisamos aprender a ser bons negociantes para adquirirmos a capacidade de escolher os pensamentos e sentimentos mais valiosos e selecionarmos apenas as ideias que promoverão nosso progresso, bem-estar e prosperidade.

No mundo dos negócios, fala-se muito em "comprar uma ideia" ou "vender uma ideia". Estamos constantemente vendendo e comprando, isto é, pondo em prática um processo sadio e regenerador de determinar valores, o que está na base do conceito espiritual do perdão. Trata-se de um processo contínuo de abandonar o menor em favor do maior, de renovar mente e corpo com pensamentos e palavras elevados que expressam a verdade.

É por meio do perdão que se realiza a verdadeira cura espiritual, porque o perdão apaga os erros impregnados na mente, as crenças falsas e más interpretações, que são o que a Bíblia chama de "pecado", o fracasso em compreender que o poder criativo e curador de Deus está dentro de nós. Do perdão, surge a harmonia em todas as fases da vida em consonância com a Mente Divina e o Princípio Divino, ou a Lei — uma lei confiável.

A Lei é o princípio da verdade, e a verdade é tudo o que é bom. Não existe poder duradouro no pecado ou no erro. Se o pecado fosse real e duradouro, como a verdade e a bondade, ele não poderia ser perdoado nem corrigido, nem substituído por ideias mais elevadas, em um processo que leva à cura espiritual. Quando assumimos uma atitude de perdão, sentimos como se uma grande luz estivesse se abrindo em nossa alma, e, então, compreendemos nitidamente o que está escrito na Bíblia: "O filho do homem (nós mesmos) tem poder para perdoar pecados na Terra." Portanto, devemos nos perdoar, e "não só uma vez, nem sete, mas setenta vezes sete", para alcançarmos o reino dos céus.

O amor é o bálsamo que cicatriza nossas feridas psíquicas, cura e corrige qualquer coisa que possamos ter feito de errado em nossa existência; é o princípio harmonizador que nos coloca na estrada iluminada que nos conduz à saúde, à felicidade, à prosperidade e à paz de espírito.

O Amor Divino é tão impessoal como o Sol, que brilha sobre o justo e o injusto, sobre o santo e o pecador. Cabe a nós reconhecer

AS TRÊS CHAVES PARA CONQUISTAR A PAZ DE ESPÍRITO

e personalizar esse Amor Divino, lembrando-nos de que, quando oramos por auxílio e orientação, estamos recorrendo a Ele. O amor é o princípio mais grandioso, unificador, inteligente e sábio que podemos conhecer.

É o Amor Divino que ajusta mal-entendidos, que restaura, renova e traz realizações, que desperta o amor por nós mesmos. Seguimos o princípio básico da nossa vida quando vendemos todos os nossos bens para comprar o mais valioso de todos, a paz de espírito em todas as situações, que alcançamos por meio da Presença Viva, que atua como guia, conselheiro, amiga e curadora. O poeta e místico inglês lorde Alfred Tennyson escreveu: "Fala com Ele, pois Ele ouve; está mais perto do que a respiração, mais perto do que mãos e pés."

Quando nos recolhemos para um lugar tranquilo e ficamos imóveis e silenciosos, experimentamos uma calma que relaxa nosso corpo e toma conta de nossa mente e coração. Pouco a pouco, vamos percebendo que estamos no centro da paz de Deus e de nós mesmos. É a pérola, com sua beleza serena e translúcida, que permite a passagem da luz mesmo no meio da escuridão (as situações difíceis), trazendo nossa salvação, a solução para os problemas.

É interessante notar que, nas emergências, nas situações mais difíceis, a capacidade, a força e o poder estão sempre presentes, e as pessoas chegam a fazer esforços sobre-humanos para salvar a si mesmas ou seus entes queridos. Isso nos mostra que o Amor Divino está constantemente nos envolvendo, amparando-nos. De fato, são as pressões diárias, tarefas, exigências, irritações, medos e preocupações que nos abatem, a ponto de esquecermos que Deus habita dentro de nós.

Às vezes, precisamos de algo que nos ajude a voltar para nosso centro divino. Amigos muito queridos me presentearam com uma obra de arte linda, que conservo na minha mesa, bem à minha frente. É uma concha de cristal em estilo futurista, na qual está montada uma única pérola, de grande beleza. Ela me serve de inspiração e, nas ocasiões em que nada me parece trazer calma, vê-la brilhando suavemente sob um raio de sol me faz lembrar da Presença. Você também pode criar algo parecido, um símbolo do reino dos céus, de paz, proteção e providência, de tudo o que consideramos bom e verdadeiro na vida.

Essa é a religião real, que transcende e ultrapassa a teologia. Jesus não ensinou teologia, mas a regra de ouro: "Ama a Deus sobre todas as coisas e ao próximo como a ti mesmo." O amor perdoa e liberta, é o espírito de Deus. Jesus também ensinou: "Venda todos os seus bens e siga-me", uma frase que, a esta altura, revela uma nova dimensão e assume um significado muito maior.

"Vender seus bens" significa perdoar, esquecer tudo o que ficou para trás, abandonar o menor em favor do maior. Até que ponto queremos o que pensamos que queremos? O bastante para perdoar de modo a podermos vivenciar uma vida mais abundante? "Siga-me" é a ordem de Jesus para seguirmos seus ensinamentos e seu exemplo. Assim agindo, você descobrirá o significado e o propósito da sua vida e ganhará uma paz de espírito duradoura e felicidade constante.

De maneira geral, quando falamos em "felicidade", estamos pensando em recreação e, sem dúvida, a recreação é necessária para termos uma vida equilibrada, mas as pessoas realmente espiritualizadas da história humana sempre sugeriram que a felicidade vem da ação criativa, da busca incessante pelos ideais da juventude, da realização dos nossos mais nobres instintos, que nos fazem sair de uma vida comum, na qual lutamos pela simples sobrevivência, e

AS TRÊS CHAVES PARA CONQUISTAR A PAZ DE ESPÍRITO

elevarmo-nos a uma existência em que encontraremos o prazer de agradar nossa alma, de seguir os ditames do nosso coração.

As grandes personagens que tiveram coragem de seguir seus próprios passos, de pensar de maneira independente, sempre nos pareceram ser criaturas extraordinárias. Entre elas, encontramos Moisés, Buda, Platão, Jesus, Maomé e muitos filósofos, cientistas e teólogos da atualidade, e uma pessoa como o Dr. Albert Schweitzer, conhecido mundialmente como o médico francês que dedicou sua vida ao tratamento dos nativos em selvas remotas de África.

Em seu livro, *A Legacy of Truth*, o Dr. J. Kennedy Shultz conta que Schweitzer era descrito como "um homem da Renascença que alcançou dimensões espirituais", porque, além de ter dois doutorados em teologia e um em filosofia, era um músico respeitado, organista erudito e autoridade reconhecida sobre a obra de Johann Sebastian Bach, além de ser professor em estudos bíblicos.

Quando estava com cerca de trinta anos, Schweitzer decidiu que queria dedicar sua vida ao próximo e retornou às salas de aula, na mesma universidade em que era professor com cadeira vitalícia, para estudar medicina. Em seu livro autobiográfico, ele chamou esse período de "os sete anos mais sofridos de minha experiência", talvez porque continuava a fazer sermões todos os domingos e dar recitais de órgão por toda a Europa para conseguir pagar seus estudos.

Com uma incrível força física e vontade de ferro, o Dr. Schweitzer conseguiu ser brilhantemente bem-sucedido na realização do seu desejo. Conquistou a admiração do mundo, que o ajudou a fundar um hospital na região do continente africano onde atualmente é o Gabão. Em 1965, aos noventa anos, o Dr. Schweitzer faleceu quando ainda estava em posse de suas faculdades mentais e energia extraordinária, enquanto trabalhava ativamente atendendo seus pacientes.

AUMENTE O PODER DO SEU SUBCONSCIENTE
PARA VENCER O MEDO E A ANSIEDADE

Três ideias compunham a filosofia do Dr. Albert Schweitzer. Apesar de ser, acima de tudo, um teólogo, seu desejo era transmitir uma verdade que incluiria todas as pessoas, mesmo as que não tivessem inclinação para a religiosidade.

A primeira ideia era que precisamos de um sentido de mistério e temor religioso, o grande mistério do Eterno. Temos de reconhecer que, com toda a tecnologia que possuímos, não somos capazes de criar um mísero inseto. "Quero conhecer um homem como um homem, da maneira como ele é" e respeitá-lo por isso, sem querer mudá-lo ou convertê-lo.

Em paralelo, a segunda ideia defende que todos precisam de um propósito, seja ele humilde, seja grandioso, e dedicarem-se a ele, de modo a se envolverem completamente nele. Dessa forma, cada indivíduo pode contribuir para a melhoria da vida humana, que é uma forma de devolver ao mundo as dádivas que recebemos de Deus. Ao nos tornarmos interessados nos outros e no seu bem-estar, alcançamos alturas espirituais que nem imaginávamos existir.

Por fim, mas não menos importante, a terceira ideia diz que é preciso uma "reverência pela vida", que é enganosamente simples, mas que tudo abrange.

Com base nessa ideia, o Dr. Schweitzer nos deixou, como herança, as três "chaves" que abrem os portais de nossa mente e de nosso coração:

- A Mente Divina habita todos nós, o planeta e o universo.
- Nosso propósito deve ser o de servir a vida, e não apenas o de ser servido por ela.
- A vida deve ser reverenciada.

AS TRÊS CHAVES PARA CONQUISTAR A PAZ DE ESPÍRITO

Aceitando essas ideias e nos comprometendo com elas, estamos cumprindo o propósito que nos trouxe a este mundo, porque passamos a ter uma vida mais abrangente, em que "vendemos nossos bens" menos inspiradores e "compramos" o grande sentido de reverência pela vida, além da paz que vem com a verdadeira compreensão e que permanece para sempre conosco — o reino dos céus na Terra.

A preocupação e o medo só dominarão sua vida se você permitir, porque você tem o poder de expulsá-los de sua existência. A Presença Viva no seu interior lhe dá forças para fazer qualquer mudança em sua vida. Por meio da prece e da meditação, com o comprometimento com seu eu espiritual e com confiança no Divino, você vencerá sua insegurança e seus temores. Se alimentar a mente racional com pensamentos positivos, o subconsciente responderá positivamente quando se defrontar com problemas, encontrando soluções que resultarão em uma vida mais feliz, mais pacífica e mais recompensadora.

Resumo do capítulo

- Somos todos buscadores. Ter dinheiro é bom, mas não satisfaz, porque, para vivermos bem, também precisamos de saúde, afeto, amizade, companheirismo, de uma consciência limpa, impossível de conseguir sem o perdão, e de inúmeras bênçãos que a Presença Curadora está disposta a conceder aos que buscam seu auxílio.

- O reino dos céus está dentro de nós e, por isso, precisamos ser bons negociantes ao tratar de nossos pensamentos e emoções, ao sabermos escolher, com o máximo de cuidado e interesse,

AUMENTE O PODER DO SEU SUBCONSCIENTE
PARA VENCER O MEDO E A ANSIEDADE

quais são os melhores, como faríamos se estivéssemos investindo uma fortuna no mercado de ações. Escolha apenas as ideias que promovem sua prosperidade e bem-estar, e recuse-se a aceitar as que prejudicam o seu progresso espiritual.

- O amor é a "cola" que une todos os elementos do universo em magnífica harmonia. É o princípio harmonizador que nos coloca na estrada que nos conduz à saúde, felicidade, bem-estar, prosperidade e paz de espírito.

- Relembre e aplique a filosofia do Dr. Schweitzer, que ele denominou como "uma reverência pela vida". Ele nos deixou três grandiosas ideias como herança, "chaves" que abrem os portais de nossa mente e de nosso coração:

1. A Mente Divina, a vida, existe dentro de todos nós e de tudo o que existe no mundo e no universo.

2. Nosso propósito deve ser servir a vida, e não apenas sermos servidos por ela.

3. Reverencie a vida.

Este livro foi composto na tipografia
Adobe Garamond Pro em corpo 11/15, e impresso
em papel Polen Soft no Sistema Cameron da
Divisão Gráfica da Distribuidora Record.